中国燃料电池电动汽车示范应用大数据研究报告
（2024）

组　编	中国汽车技术研究中心有限公司
主　编	方海峰　姚占辉
副主编	王　佳　赵路甜
参　编	李　玮　李　凯　宋　双　梁金桥　吴　征　丁振森
	宋承斌　简晓荣　曹大千　王　琰　李永康　王　昜
	崔　鸣　李育贤　攸连庆　刘啸宇　周怡博　周　玮
	吴喜庆　时　间　李鲁苗　刘可歆　李佳峻　郝　冬
	张妍懿　刘金周　何云堂　杨　天　杨子荣　兰　昊

机械工业出版社
CHINA MACHINE PRESS

燃料电池电动汽车示范应用开展以来，车辆应用规模不断扩大，技术水平和创新能力不断提升，燃料电池电动汽车产业化和市场化进入关键阶段，了解产业和技术进步情况是相关从业人员的迫切需求，也是研究下一步产业发展方向的重要依据。《中国燃料电池电动汽车示范应用大数据研究报告（2024）》基于"国家氢能及燃料电池汽车示范评价平台"2024年最新数据，对燃料电池电动汽车的示范推广、企业实践、性能评价、运营特征进行了研究，总结了产业发展成果，分析了问题和不足，通过科学的数据分析，为产业高质量发展提供建议和支撑。

本书适合氢能及燃料电池电动汽车产业相关政府部门、行业研究机构、整车企业和产业链上下游企业、科研院所和高等院校等的相关人员参考阅读。

图书在版编目（CIP）数据

中国燃料电池电动汽车示范应用大数据研究报告. 2024 / 中国汽车技术研究中心有限公司组编；方海峰，姚占辉主编. -- 北京：机械工业出版社，2025. 2.
ISBN 978-7-111-77775-5

Ⅰ. U469.72

中国国家版本馆CIP数据核字第2025LL5532号

机械工业出版社（北京市百万庄大街22号　邮政编码100037）
策划编辑：母云红　　　　责任编辑：母云红　巩高铄
责任校对：郑　婕　张昕妍　责任印制：郜　敏
中煤（北京）印务有限公司印刷
2025年3月第1版第1次印刷
169mm×239mm·8.75印张·1插页·112千字
标准书号：ISBN 978-7-111-77775-5
定价：139.00元

电话服务　　　　　　　　网络服务
客服电话：010-88361066　机　工　官　网：www.cmpbook.com
　　　　　010-88379833　机　工　官　博：weibo.com/cmp1952
　　　　　010-68326294　金　　书　　网：www.golden-book.com
封底无防伪标均为盗版　机工教育服务网：www.cmpedu.com

前　言

燃料电池电动汽车具有环保性能佳、燃料加注快、续驶里程长等优势，是未来汽车工业可持续发展的重要方向之一。近年来，燃料电池电动汽车产业已成为世界主要国家技术竞争、能源转型、绿色发展、经济增长的重要抓手。日本、美国、韩国、欧盟等国家或组织高度重视氢能与燃料电池电动汽车发展，将燃料电池电动汽车纳入国家或地区战略发展体系进行规划，并设立专项进行研发与示范推广，对燃料电池电动汽车给予财税政策支持。

为推动产业持续健康、科学有序地发展，财政部、工业和信息化部、科学技术部、国家发展和改革委员会、国家能源局五部门于 2020 年 9 月 21 日正式发布《关于开展燃料电池汽车示范应用的通知》（财建〔2020〕394 号），明确提出"要运用信息化平台，实现燃料电池汽车示范全过程、全链条监管"。中国汽车技术研究中心有限公司作为燃料电池电动汽车示范应用第三方支撑机构，在五部门的指导下，建立了"国家氢能及燃料电池汽车示范评价平台"，不仅满足了国家政策的要求，而且对规范行业发展、促进产业进步意义重大。

《中国燃料电池电动汽车示范应用大数据研究报告（2024）》秉持立足全局、突出示范的编制原则，基于国家氢能及燃料电池汽车示范评价平台的 10000 多辆燃料电池电动汽车和 100 多座加氢站的实时运行数据，发布了推广应用、车辆运行、加氢行为、整车性能特征等方面的研究成果，旨在以大数据研究视角总结示范进展和产业发展趋势。

在此，对参与编写本书的所有单位和专家表示感谢！

由于水平有限，书中难免有疏漏之处，望读者海涵并不吝指正。

编　者

目 录

前言

第一篇 示范推广

第 1 章 全球及中国燃料电池电动汽车市场进展 / 002
1.1 全球燃料电池电动汽车市场 / 002
1.2 中国燃料电池电动汽车市场 / 005
1.3 小结 / 012

第 2 章 中国燃料电池电动汽车示范推广特征 / 013
2.1 示范推广整体特征 / 013
2.2 历年车辆接入特征 / 016
2.3 示范车辆推广集中度 / 019
2.4 小结 / 020

第二篇 企业实践

第 3 章 燃料电池整车企业推广特征 / 024
3.1 燃料电池整车企业公告数据 / 024
3.2 燃料电池整车企业推广特征 / 025
3.3 燃料电池整车企业接入特征 / 031
3.4 典型整车企业接入特征 / 037
3.5 小结 / 039

第 4 章 燃料电池零部件企业推广特征 / 040
4.1 零部件企业总体推广特征 / 040
4.2 分领域零部件企业接入特征 / 042
4.3 小结 / 049

第三篇 性能评价

第 5 章　燃料电池电动汽车静态技术性能评价 / 052

5.1　燃料电池整车性能评价 / 052

5.2　燃料电池系统性能评价 / 054

5.3　其他关键部件性能评价 / 057

5.4　小结 / 061

第 6 章　燃料电池电动汽车动态技术性能评价 / 062

6.1　动态技术评价指标体系 / 062

6.2　整车动态技术性能评价 / 063

6.3　燃料电池动态技术性能评价 / 070

6.4　小结 / 072

第四篇 运营特征

第 7 章　燃料电池电动汽车运行特征 / 076

7.1　样本量和评价指标 / 076

7.2　车辆整体运行特征 / 077

7.3　分区域车辆运行特征 / 082

7.4　分车型车辆运行特征 / 093

7.5　分场景车辆运行特征 / 100

7.6　小结 / 106

第 8 章　燃料电池电动汽车加氢特征 / 108

8.1　加氢站建设及示范推广情况 / 108

8.2　燃料电池电动汽车加氢特征 / 115

8.3　城市群氢价数据 / 124

8.4　小结 / 131

第一篇 示范推广

中国燃料电池电动汽车示范应用
大数据研究报告（2024）

第1章
全球及中国燃料电池电动汽车市场进展

1.1 全球燃料电池电动汽车市场[⊖]

1. 全球历年销量趋势

从全球范围内来看，燃料电池电动汽车市场起步于2010年，但直到2014年，全球总销量仅有几十辆，市场集中分布于美国和日本。在该时期，美国、欧洲、日本和韩国是研发燃料电池电动汽车相关技术、推进车辆应用的主要国家和地区。2015年后，全球燃料电池电动汽车市场规模开始扩大。图1-1展示了2015—2024年第一季度全球历年燃料电池电动汽车销量，以及中国燃料电池电动汽车销量和全球市场占比趋势。

从图1-1中可以看到，从2015年开始，全球燃料电池电动汽车市场规模持续扩大，并整体呈现持续增长态势。除了美国和日本的销量大幅增长以外，韩国以及法国、德国、荷兰等欧洲国家也开始推广燃料电池电动汽车。这一现象与国际日益严峻的能源和环境形势密不可分，氢能成为全球主要国家和地区摆脱化石能源进口依赖、实现能源结构转型、开拓经济新增长点的重要路径。

⊖ 国外数据来源于EV-Volumes。

图1-1　2015—2024年3月全球和中国燃料电池电动汽车销量情况

从2019年开始，全球燃料电池电动汽车市场结构呈现出较大的变化。从全球销售总量来看，2019年燃料电池电动汽车全球销量突破1万辆，较2018年同比增长了约1.26倍。美国和日本的市场规模增速放缓，但韩国和中国市场增长速度较快，全球市场占比分别达到38.9%和29.6%。这主要与2019年以来全球主要国家或地区在氢能领域发布了相关政策或路线图、增强了市场引导作用有关，相关政策或重大事件整理在表1-1中。

表1-1　2019年左右全球主要国家和地区氢能相关政策或事件

国家/地区	发布机构	政策或事件	主要内容
韩国	韩国政府	《氢能经济活性化路线图》	到2040年，累计生产620万辆氢燃料电池电动汽车，建成1200座加氢站
欧洲	欧洲燃料电池和氢能联合组织（FCH-JU）	《欧洲氢能路线图：欧洲能源转型的可持续发展路径》	到2030年欧盟将拥有370万辆燃料电池乘用车和50万辆燃料电池轻型商用车，将有约570辆燃料电池列车替代柴油列车
荷兰	荷兰政府	《国家气候协定》	到2025年实现1.5万辆燃料电池电动汽车推广
德国	德国联邦政府	《国家氢能战略》	预计到2030年德国的氢能需求为90~110TW·h（太瓦时），电解制氢能力为5GW（吉瓦）
加拿大	加拿大政府	《加拿大氢能战略》	计划到2050年，投运超500万辆燃料电池电动汽车

（续）

国家/地区	发布机构	政策或事件	主要内容
澳大利亚	澳大利亚联邦政府	《国家氢能战略》	打造成为向亚洲市场出口氢能的三大基地之一，氢能项目规模到2030年将达到500~1000MW（兆瓦），产值达到260亿美元
日本	日本政府	《氢/燃料电池战略路线图》（第三版）	到2030年左右提高氢能在能源结构中的占比，全面引进氢能发电
		《氢/燃料电池战略技术发展战略》	规定了具体的技术发展项目，以实现为路线图中每个领域设定的目标
美国	美国燃料电池和氢能协会（FCHEA）	《美国氢能经济路线图》	在交通、分布式电源、家用热电联产等多个领域扩大氢能的规模化应用，2030年实现530万辆燃料电池电动汽车保有量和5600座加氢站建设

2. 各国销量数据

图1-2汇总了2010年以来，截至2024年3月全球主要国家燃料电池电动汽车的累计销量数据。从2010年至2024年3月，全球范围内，燃料电池电动汽车累计销售约87000辆，主要来自韩国、中国、美国、日本、德国、法国、荷兰、加拿大、英国等国家，其中总销量超万辆的国

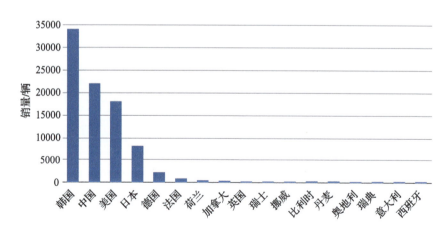

图1-2　2010—2024年3月全球主要国家燃料电池电动汽车累计销量

家为韩国、中国和美国。从全球主要国家燃料电池电动汽车市场来看，截至 2024 年 3 月，韩国、中国、美国累计销量排前三，分别为 34037 辆、22052 辆、17891 辆，销量之和占全球总销量约 84.9%。

1.2 中国燃料电池电动汽车市场⊖

1. 中国历年销量走势

与全球其他国家相比，中国燃料电池电动汽车市场起步稍晚，但发展较为迅速。图 1-3 汇总了 2014—2024 年 3 月中国燃料电池电动汽车历年总销量和分车型销量数据，整体来看，历年销量呈现波动性增长态势。2012 年，《节能与新能源汽车产业发展规划（2012—2020 年）》明确了燃料电池电动汽车与纯电动汽车、插电式混合动力电动汽车同属于新能源汽车。2014 年，中国燃料电池电动汽车市场开启，但由于技术难度高、购置成本高昂、氢能供给难等因素，发展速度要远滞后于纯电动汽车和插电式混合动力电动汽车，但仍在持续进行车辆产业化和规模化推广，直到 2017 年，年销量和累计销量均首次突破千辆。2020 年以来，我国燃料电

图 1-3　2014—2024 年 3 月中国燃料电池电动汽车逐年销量趋势

⊖ 数据来源：机动车上险量。

池电动汽车市场进展快速，历年销量均在 1000 辆以上，截至 2022 年累计销量首次达到 10000 辆，从千辆到万辆的突破仅用了 5 年时间。

2014 年以来，我国氢能及燃料电池电动汽车政策体系不断完善，涉及技术创新、产业规划、税收优惠、购置补贴等方面，汇总见表 1-2。2014 年发布《能源发展战略行动计划（2014—2020 年）》，将"氢能与燃料电池"列为能源科技创新战略方向。2015 年发布的《2016—2020 年新能源汽车推广应用财政支持政策的通知》中指出对燃料电池电动汽车推广应用补贴标准为乘用车 20 万元/辆，轻型客车、货车 30 万元/辆，大中型客车和中重型货车 50 万元/辆。国家政策的支持对于氢能及燃料电池电动汽车产业和市场起到一定的推动作用，但前期市场增长依旧缓慢，2016 年销量仅有不到 50 辆。直到 2017 年，燃料电池电动汽车销量首次突破千辆。2019 年，氢能首次写入《政府工作报告》，燃料电池电动汽车产业迎来新的发展机会，当年市场迅速增长，首次突破 3000 辆。但到了 2020 年，受大环境影响，以及行业对于政策普遍处于观望态度，燃料电池电动汽车销量下滑，全年国内销量为 1497 辆，不到 2019 年销量的一半。2021 年，我国启动燃料电池电动汽车示范应用以来，燃料电池电动汽车市场加快扩大步伐。

2. 示范应用以来的销量

2020 年 9 月，财政部、工业和信息化部、科学技术部、国家发展和改革委员会和国家能源局五部门发布《关于开展燃料电池汽车示范应用的通知》，燃料电池电动汽车进入示范应用阶段，成为行业发展的关键转折点。2021 年 8 月和 12 月，国家分两批批复了京津冀、上海、广东城市群，以及郑州、河北城市群。截至 2023 年年底，示范应用满两年，图 1-4 汇总了 2021 年第三季度至 2023 年年底之间中国燃料电池电动汽车的销量趋势。

表1-2 中国燃料电池电动汽车政策汇总

政策类型	时间	政策名称	相关内容
产业规划	2016年6月	国家发展和改革委员会、国家能源局《能源技术革命创新行动计划（2016—2030年）》	将"氢能与燃料电池技术创新"列入重点任务
	2019年3月	2019年国务院《政府工作报告》	氢能首次写入政府工作报告
	2020年10月	国务院办公厅《新能源汽车产业发展规划（2021—2035年）》	提出深化"三纵三横"研发布局，以纯电动汽车、插电式混合动力（含增程式）汽车、燃料电池电动汽车为"三纵"，布局整车技术创新链
	2022年3月	国家发展和改革委员会、国家能源局《氢能产业发展中长期规划（2021—2035年）》	明确了氢能的能源属性，提出"重点推进氢燃料电池中重型车辆应用，有序拓展氢燃料电池等新能源客、货汽车市场应用空间，逐步建立燃料电池电动汽车与锂电池纯电动汽车的互补发展模式"；提出"到2025年，燃料电池车辆保有量约5万辆，部署建设一批加氢站"的发展目标
税收优惠	2012年3月	财政部、国家税务总局、工业和信息化部《关于节约能源 使用新能源车船车船税政策的通知》	自2012年1月1日起，对新能源商用车（含燃料电池商用车）免征车船税，燃料电池乘用车不属于车船税征收范围
	2014年8月	财政部、国家税务总局、工业和信息化部《关于免征新能源汽车车辆购置税的公告》	自2014年9月1日至2017年12月31日，对购置的新能源汽车（含燃料电池电动汽车）免征车辆购置税
	2017年12月	财政部、国家税务总局、工业和信息化部《关于免征新能源汽车车辆购置税的公告》	自2018年1月1日至2020年12月31日，对购置的燃料电池电动汽车免征车辆购置税

（续）

政策类型	时间	政策名称	相关内容
税收优惠	2020年4月	财政部、国家税务总局、工业和信息化部《关于新能源汽车免征车辆购置税有关政策的公告》	自2021年1月1日至2022年12月31日，对购置的燃料电池电动汽车免征车辆购置税
	2022年9月	财政部、国家税务总局、工业和信息化部《关于延续新能源汽车免征车辆购置税政策的公告》	对购置日期在2023年1月1日至2023年12月31日期间内的燃料电池电动汽车，免征车辆购置税
	2023年6月	财政部、国家税务总局、工业和信息化部《关于延续和优化新能源汽车车辆购置税减免政策的公告》	对购置日期在2024年1月1日至2025年12月31日期间的燃料电池电动汽车免征车辆购置税；对购置日期在2026年1月1日至2027年12月31日期间的燃料电池电动汽车减半征收车辆购置税
购置补贴	2019年3月	财政部、工业和信息化部、科学技术部、国家发展和改革委员会《关于进一步完善新能源汽车推广应用财政补贴政策的通知》	过渡期后不再对新能源汽车（新能源公交车和燃料电池汽车除外）给予补贴支持
	2020年9月	财政部、工业和信息化部、科学技术部、国家发展和改革委员会、国家能源局《关于开展燃料电池汽车示范应用的通知》	将对燃料电池汽车的购置补贴政策，调整为燃料电池汽车示范应用支持政策，对符合条件的城市群开展燃料电池汽车关键核心技术产业化攻关和示范应用给予奖励

图 1-4　2021 年第三季度至 2023 年年底中国燃料电池电动汽车销量趋势

如图 1-4 所示，从 2021 年开始，燃料电池电动汽车销量持续快速增长。在示范应用初期，全国范围内燃料电池电动汽车累计销售 7707 辆。示范应用第一年度结束时，即到 2022 年年底，累计销量为 13639 辆，较示范初期增长 77%。到 2023 年年底，示范第二年度结束，累计销量已达 21246 辆，较示范初期增长 1.76 倍，增长速率较为显著。示范应用开展以来，燃料电池整车及零部件关键技术加快突破，氢能供给能力持续增强，产业生态和各地政策体系不断完善，有力推动了燃料电池电动汽车市场规模扩大。

3. 分区域销量

各省份燃料电池电动汽车累计销量情况如图 1-5 所示。2014—2024 年 3 月，累计销量超 2000 辆的省份有广东、上海、北京、河北、山东和河南，其中广东省的燃料电池电动汽车累计销量超过 3500 辆。江苏、浙江、山西等其余省份销量均不足 1000 辆。

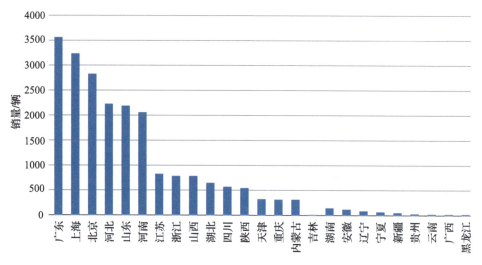

图1-5 2014—2024年3月各省份燃料电池电动汽车累计销量

从不同省份燃料电池电动汽车销量分布情况可以看到，燃料电池电动汽车销量主要分布在北京、上海、广东、河南、河北、山东等地区，约占全国总销量的70%，这些地区都是五大示范城市群主要城市所在地，示范政策对燃料电池电动汽车推广起到显著的促进作用。分车辆类型来看，客车和货车为主要的燃料电池车辆类型，在各省份总销量中的占比均较高，而乘用车市场则主要集中分布于上海和广东。

4. 分车型销量

图1-6展示了我国历年燃料电池乘用车、客车和货车销量分布。分车型来看，我国燃料电池电动汽车市场发展呈现出与韩国、美国、日本等国外主要国家不同的特征。国外以乘用车为主，而在我国，燃料电池电动汽车销量整体上以货车为主。2014—2024年3月，我国燃料电池电动汽车累计销量中，乘用车、客车、货车分别为772辆、6878辆和14402辆，占比分别为4%、31%和65%。

图 1-6　2014—2024 年 3 月中国燃料电池电动汽车分车型销量

历年分车型销量占比如图 1-7 所示。从 2014 年开始，燃料电池乘用车最初为市场主要车型，直到 2016 年，客车车型占比提升，并占据主要市场，而乘用车份额不断下降。尤其是从 2020 年以来，乘用车、客车、货车销量格局发生了较大变化，货车销量和市场占比逐年增长，这主要是由于 2021 年以后，示范政策对大功率、大吨位货车的支持力度较大，市场增长较快，燃料电池货车得到了更加广泛的关注。同时，2022 年以来，少量乘用车投入市场，销量占比小幅增长。

图 1-7　2014—2024 年 3 月燃料电池电动汽车分车型销量占比趋势

1.3 小结

1）**全球燃料电池电动汽车市场格局发生显著变化。**从 2015 年开始，全球范围内的能源和环境形势日益严峻，氢能成为全球主要国家和地区摆脱化石能源进口依赖、实现能源结构转型的重要路径。除了美国和日本的销量大幅度增长以外，韩国以及法国、德国、荷兰等欧洲国家也开始推广燃料电池电动汽车。从 2019 年开始，全球燃料电池电动汽车市场格局呈现出较大的变化，目前主要市场分布在韩国、中国和美国。

2）**中国燃料电池电动汽车市场发展迅速。**相较于日本、美国、韩国，我国燃料电池电动汽车市场起步稍晚，但发展迅速。2014 年以来，我国针对氢能及燃料电池电动汽车产业发布了较为完善的政策支持体系，涉及产业规划、税收优惠、购置补贴等方面，为燃料电池电动汽车市场扩大营造了良好的政策环境。

3）**燃料电池电动汽车示范应用政策成为行业发展的关键转折点。**2020 年，我国发布燃料电池电动汽车示范应用政策，标志着燃料电池电动汽车产业发展进入示范应用阶段。示范应用开展以来，燃料电池整车及零部件关键技术加快突破，氢能供给能力持续增强，产业生态和各地政策体系不断完善，有力推动了燃料电池电动汽车市场规模持续扩大。

第 2 章
中国燃料电池电动汽车示范推广特征[一]

2.1 示范推广整体特征

1. 车辆接入整体特征

国家氢能及燃料电池汽车示范评价平台（以下简称平台）从开始运营至 2024 年 3 月，共接入燃料电池电动汽车 10046 辆。图 2-1 是不同车型燃料电池电动汽车的接入情况。平台累计接入燃料电池乘用车 513 辆、客车 1548 辆、货车 7985 辆，占平台总车辆数的比例分别为 5%、15%、80%。

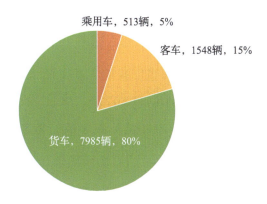

图 2-1 燃料电池电动汽车各车型接入平台情况

[一] 数据来源：国家氢能及燃料电池汽车示范评价平台。

图 2-2 是分城市群车辆的接入情况。上海城市群、京津冀城市群、河北城市群、郑州城市群、广东城市群分别接入燃料电池电动汽车 2767 辆、2709 辆、1765 辆、1624 辆、573 辆。此外，平台也接入非示范城市的运营车辆 608 辆。

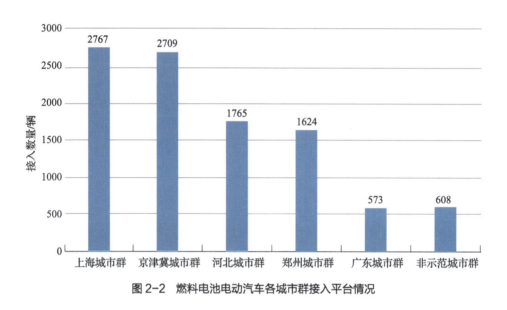

图 2-2　燃料电池电动汽车各城市群接入平台情况

2. 分车型车辆接入特征

图 2-3 是各城市群分车型燃料电池车辆接入情况，各城市群接入平台车辆均以客车和货车为主，上海城市群推广了少量燃料电池乘用车。上海城市群共接入 2767 辆，其中乘用车 507 辆、客车 136 辆、货车 2124 辆；京津冀城市群共接入 2709 辆，其中乘用车 2 辆、客车 974 辆、货车 1733 辆；河北城市群共接入 1765 辆，其中客车 50 辆、货车 1715 辆；郑州城市群共接入 1624 辆，其中客车 233 辆、货车 1391 辆；广东城市群共接入 573 辆，其中客车 65 辆、货车 508 辆；非示范城市群共接入 608 辆，其中乘用车 4 辆、客车 90 辆、货车 514 辆。

第2章 中国燃料电池电动汽车示范推广特征

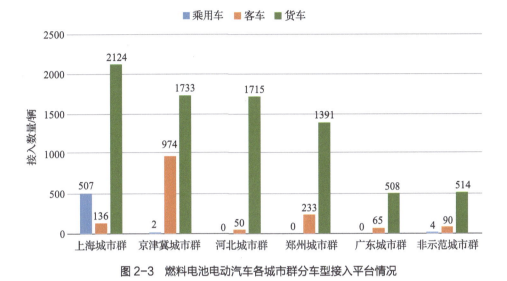

图 2-3 燃料电池电动汽车各城市群分车型接入平台情况

3. 分场景车辆接入特征

图 2-4 是平台接入车辆的应用场景分布，燃料电池电动汽车示范车辆应用场景丰富，截至 2024 年 3 月，燃料电池车辆已在物流、重载运输、

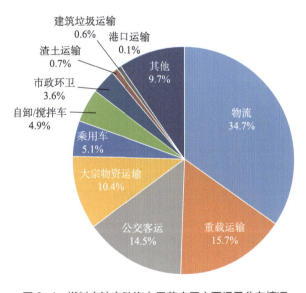

图 2-4 燃料电池电动汽车示范应用主要场景分布情况

大宗物资运输、公交客运等主要场景中实现应用。其中，物流场景累计接入 3490 辆，达到车辆接入总量的 34.7%；其次是重载运输、公交客运、大宗物资运输、乘用车、自卸 / 搅拌车等场景，累计接入量分别为 1577 辆、1458 辆、1041 辆、509 辆和 490 辆，占比分别达到 15.7%、14.5%、10.4%、5.1% 和 4.9%。

2.2 历年车辆接入特征

1. 历年整体接入特征

示范应用开展以来，燃料电池电动汽车历年接入量逐年提升。图 2-5 是平台接入燃料电池车辆的累计数量，截至 2022 年、2023 年和 2024 年第一季度，平台分别累计接入燃料电池电动汽车 3800 辆、9239 辆、10046 辆，月均接入量依次为 317 辆、453 辆、269 辆。

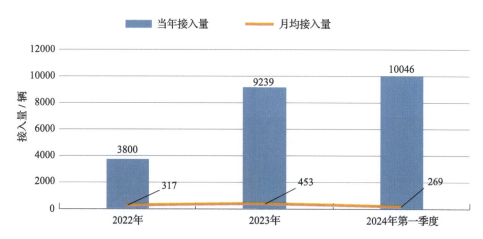

图 2-5　2022—2024 年 3 月平台燃料电池电动汽车总接入量和月平均接入量

2. 分车型车辆接入特征

图 2-6 是历年不同车型燃料电池车辆的接入量。从 2022 年至 2023 年，燃料电池乘用车、货车年接入量呈上升趋势，乘用车年接入量由 2022 年

的 213 辆增加至 2023 年的 300 辆，货车由 2022 年的 2668 辆增加至 2023 年的 4516 辆，客车由 2022 年的 919 辆降低至 2023 年的 623 辆，年度推广数量有所下降。自示范应用以来，燃料电池货车推广量远高于乘用车和客车的推广量，货车数量达乘用车与客车数量之和的 3.9 倍。

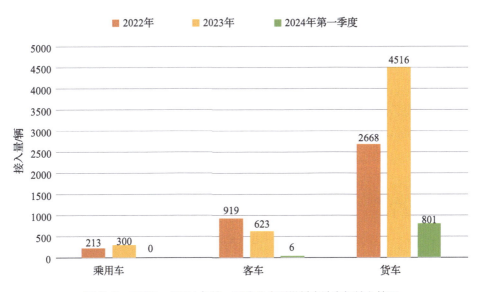

图 2-6　2022—2024 年第一季度分类型燃料电池车辆接入情况

3. 分城市群车辆接入特征

图 2-7 是各城市群历年车辆接入情况。整体来看，各城市群历年车辆接入量大都呈现逐年增加的趋势，京津冀城市群在 2023 年度的接入量略少于 2022 年度，河北和郑州城市群逐年增加幅度较大，河北城市群 2023 年度接入量约为 2022 年度的 4 倍多。

4. 历年逐月车辆接入特征

图 2-8 是历年逐月的燃料电池车辆接入量变化趋势，2023 年度整体月接入车辆数高于 2022 年度，表明推广力度在逐渐增大。单月推广车辆

数量和推广速度变化较大，在每年的 4 至 8 月和 11 至 12 月，单月接入量呈现持续上升趋势，推广速度较快，但在 1 至 3 月和 9 至 10 月，单月接入量均处于较低水平，表明地方和企业可能存在短时间集中推广车辆的情况。

图 2-7　2022—2024 年第一季度各城市群燃料电池电动汽车接入量分析

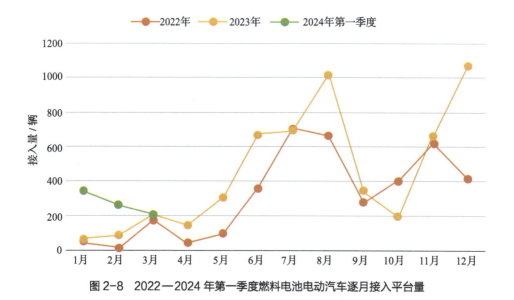

图 2-8　2022—2024 年第一季度燃料电池电动汽车逐月接入平台量

2.3 示范车辆推广集中度

1. 分区域车辆接入特征

全国共有 31 个城市的燃料电池电动汽车接入平台，接入燃料电池车辆数排名前十的城市共接入 8489 辆，占接入总量的 84.5%，其中，上海、北京、郑州和唐山的接入量均超过 1000 辆，占接入总量的 66.1%，如图 2-9 所示。

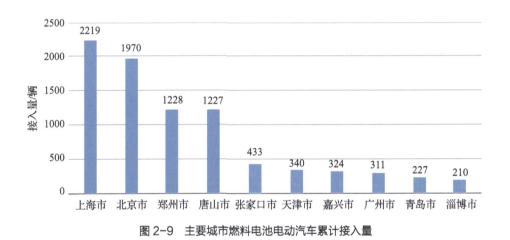

图 2-9 主要城市燃料电池电动汽车累计接入量

2. 车辆推广区域集中度

前三城市、前四城市和前五城市车辆推广量占当年总推广量的占比如图 2-10 所示，排名前五城市的推广量稳定在 70%~80%，燃料电池电动汽车推广区域主要集中在示范城市群的少量城市。通过对这些城市燃料电池电动汽车运营场景进行分析，发现其均依托当地产业实际情况形成了典型场景，其中，上海市典型场景为物流运输与乘用车运营；北京市典型场景为物流运输与公交客运；郑州市燃料电池电动汽车运营场景较丰富，包括物流运输、自卸/搅拌工程车、公交客运、市政环卫等；唐山市典型场景为重载运输；张家口市典型场景为物流运输。在示范政策引领下，这些城市在燃料电池电动汽车的推广应用、产业布局、基础设施建设、场景挖掘等领域形成了先发优势，为后续其他省市的燃料电池电动汽车推广应用提供了较为成熟的经验与模式。

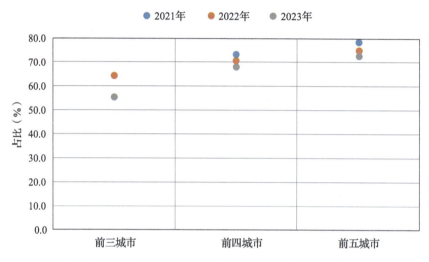

图 2-10　2021—2023 年燃料电池电动汽车推广区域集中度变化情况

2021—2023 年，前三城市、前四城市和前五城市的推广量占比呈逐年小幅下降趋势，年均下降幅度分别为 4.5%、2.5%、2.9%。其中，前三城市 2023 年推广车辆数占比较前两年度下降了 8.8%，表明其他示范城市在逐渐加快燃料电池电动汽车的推广应用，且已取得初步成效。

2.4　小结

1）燃料电池电动汽车推广规模超万辆，货车占比达到 80%。从示范应用开始至 2024 年 3 月，示范平台共接入燃料电池电动汽车 10046 辆，其中，上海城市群、京津冀城市群、河北城市群、郑州城市群、广东城市群分别接入燃料电池电动汽车 2767 辆、2709 辆、1765 辆、1624 辆、573

辆，非示范城市群城市接入运营车辆 608 辆。累计接入燃料电池乘用车 513 辆、客车 1548 辆、货车 7985 辆，占平台总车辆数的比例分别为 5%、15% 和 80%。

2）燃料电池电动汽车示范车辆应用场景逐渐丰富。截至 2024 年 3 月，燃料电池车辆已在物流、重载运输、大宗物资运输、公交客运等主要场景中实现应用。物流、重载运输、公交客运、大宗物资运输、乘用车、自卸／搅拌等场景的车辆占比分别达到 34.7%、15.7%、14.5%、10.4%、5.1%、4.9%。

3）燃料电池电动汽车推广区域逐渐扩大。排名前五城市的推广量稳定在 70%~80%，燃料电池电动汽车推广区域主要集中在示范城市群的少量城市。从 2021 年至 2023 年，前三城市、前四城市和前五城市的推广量占比呈逐年小幅下降趋势，前三城市 2023 年推广车辆占比较前两年下降了 8.8%，表明其他城市正加快推动燃料电池电动汽车发展，燃料电池车辆推广区域逐年扩大。

第二篇 企业实践

中国燃料电池电动汽车示范应用
大数据研究报告（2024）

第 3 章
燃料电池整车企业推广特征

3.1 燃料电池整车企业公告数据

从工业和信息化部公告的燃料电池车型数据来看，2023 年新申请公告车型数较上一年度略有增加，货车推广力度持续增加。如图 3-1 所示，2023 年 1—12 月，工业和信息化部共发布了 12 个批次的汽车新品公告，累计上榜 296 款燃料电池电动汽车新品车型，包含货车 254 款、客车 38 款、乘用车 4 款。与 2022 年相比，2023 年总上榜新品车型数量增加了 2 个，货车新品车型同比增加了 18.7%，客车车型减少了一半多，乘用车车型数量增加了 1 个，但依旧远低于客车和货车。从整车企业车型申请数量来看，陕汽、宇通、厦门金龙等企业开发新品车型数量较多。

结合 2023 年 1 月—2024 年 4 月燃料电池电动汽车销量数据，2023 年申请公告的燃料电池电动汽车车型中，共有 86 款车型、3229 辆车进入市场，占该时间段内全部燃料电池电动汽车销量的 38.4%。从车辆生产企业来看，宇通、飞驰、青岛美锦等企业的车辆推广数量较多。从推广车辆的应用场景看，主要为燃料电池牵引车、燃料电池冷链车、燃料电池客车等。

第 3 章　燃料电池整车企业推广特征

图 3-1　2023 年和 2022 年燃料电池电动汽车新品公告上榜数量对比

3.2　燃料电池整车企业推广特征

1. 分企业类型市场特征

从不同企业类型来看，我国燃料电池电动汽车品牌以自主品牌为主，如图 3-2 所示。2020—2024 年 3 月，燃料电池电动汽车市场销量来自 91 家整车企业，其中自主品牌销量共计 16496 辆，占全国燃料电池电动汽车市场的 98.1%。2020 年以来，国家和地方政府对燃料电池整车和零

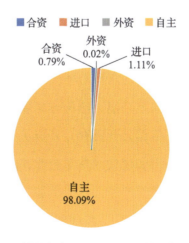

图 3-2　中国燃料电池电动汽车市场中整车企业类型构成

部件产业的支持政策陆续出台，覆盖范围涵盖产业链建设、车辆推广、技术创新、氢能供应等。迄今为止，整车和大部分零部件领域实现了国产化。同时，五大城市群示范显著带动了自主整车品牌的销量，已经形成了良好的发展优势。

近两年来，外资、合资和进口品牌的燃料电池电动汽车开始逐步进入国内市场。表3-1总结了2020—2024年3月中国各类型燃料电池电动汽车企业市场占有率分布情况，2020年和2021年国内燃料电池整车市场均只有自主品牌，2022年起，合资和进口品牌整车销量占总销量的0.6%，2023年进一步提升，合资和进口品牌整车销量占比为3.3%，外资品牌也开始进入，自主品牌市场占有率较上一年下降了2.8%。2024年第一季度，进口品牌市场占有率达到4.1%，中国品牌市场占有率降低至95.9%。

表3-1 2020—2024年3月中国燃料电池电动汽车企业市场占有率分布情况

企业分类	2020年	2021年	2022年	2023年	2024年(1—3月)
自主	100%	100%	99.4%	96.6%	95.9%
合资	0	0	0.3%	1.5%	0
外资	0	0	0	0.04%	0
进口	0	0	0.3%	1.8%	4.1%

近年来，中国燃料电池电动汽车市场规模不断扩大，呈现出较大的市场潜力，同时具有良好的政策环境，这两方面因素是吸引外资加快进军中国市场步伐的重要原因。根据公开资料，外资正在中国全面布局燃料电池电动汽车产业链，包括丰田和现代等整车企业，康明斯、松下、博世、优美科等零部件企业，以及空气产品公司、林德、佛吉亚、彼欧等氢能制储运企业。整车方面，2023年6月，韩国现代汽车集团氢燃料电池系统广州工厂（HTWO广州）正式竣工，规划年产氢燃料电池系统达6500套。

现代生产的氢燃料电池 SUV NEXO 中国版已经在 2022 年纳入工业和信息化部《免征车辆购置税的新能源汽车车型目录》（第 57 批），并取得北京新能源汽车牌照。丰田则是通过与本土燃料电池企业和主机厂等多方联合组成合资公司来布局在中国的燃料电池业务，2020 年 6 月，丰田和亿华通、一汽、北汽、东风、广汽等组建联合燃料电池系统研发（北京）有限公司，2023 年 3 月，丰田联合亿华通成立华丰燃料电池公司。目前来看，外资进入中国对国内市场产业链技术进步和产品创新具有一定的推动作用，将激励自主品牌提升产品质量，加快产品迭代升级，也将进一步扩大我国燃料电池电动汽车的市场规模。

从整车生产企业销量数据来看，燃料电池电动汽车销量较大的以传统商用车企业为主，如图 3-3 所示。2020—2024 年 3 月，总销量超过 500 辆的整车企业共有 13 家，这些企业的燃料电池电动汽车总销量占同期国内燃料电池电动汽车市场总销量的 71.7%，其中排名前三位的分别为宇通客车、北汽福田、飞驰科技，统计时间段内累计销量均超过 1000 辆。表 3-2 汇总了上述 13 家企业的基本信息。从企业性质来看，这 13 家整车企业中，9 家企业为央企或国企，其余 4 家为民营企业，且前三名中就有 2 家民营企业。从业务方向来看，仅有飞驰科技和青岛美锦 2 家企业主营氢能汽车业务，南京金龙和厦门金旅主营新能源商用车业务，其余 9 家企业均为国内传统燃油商用车生产企业。近年来，在"双碳"目标的驱动下，国家加大了对传统能源车型的淘汰，同时，在补贴、路权等政策的激励下，商用车电动化进程加快。结合商用车的使用场景来看，商用车需具备燃料加注时间短、续驶里程长、环境适应性强等应用需求，而氢能商用车则具备良好的适配性，成为传统商用车企业拓宽市场的重要技术路线。

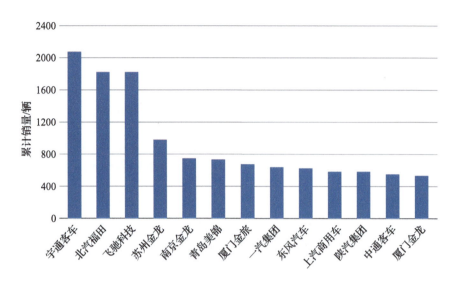

图 3-3　2020—2024 年 3 月主要燃料电池整车生产企业累计销量

表 3-2　主要燃料电池整车企业性质和主营业务

序号	企业名称	企业性质	主营业务
1	飞驰科技	民企	氢能商用车
2	北汽福田	国企	商用车
3	宇通客车	民企	商用车
4	苏州金龙	国企	商用车
5	南京金龙	民企	新能源商用车
6	青岛美锦	民企	氢能、纯电动商用车
7	厦门金旅	国企	客车、新能源客车
8	东风汽车	央企	商用车、乘用车
9	上汽商用车	国企	轻、中型货车及特种改装车
10	一汽集团	央企	商用车、乘用车
11	陕汽集团	国企	重型车辆
12	中通客车	国企	客车
13	厦门金龙	国企	客车

2. 分车型市场特征

从车辆类型来看，国内燃料电池整车市场涵盖乘用车、客车、货车全类型。在统计时间段内，进入市场的乘用车产品较少，排名前三的乘用车企业分别为上汽商用车、一汽集团和丰田汽车，如图 3-4 所示，三者总销量占燃料电池乘用车市场的 95.2%。其中，上汽商用车占据首位，共销售 405 辆燃料电池乘用车，占全国燃料电池乘用车总销量的 60.3%。整体来看，国内燃料电池乘用车市场较小，仍处于发展初期。

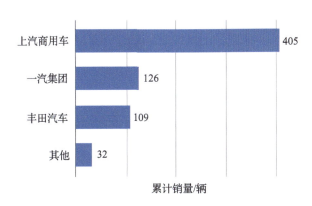

图 3-4　2020—2024 年 3 月国内燃料电池乘用车主要企业销量

图 3-5 和图 3-6 分别展示了 2020—2024 年第一季度国内燃料电池货车和客车主要企业销量情况。货车领域，统计时间段内共有 65 家整车企业的产品进入市场。排名前三的企业为宇通客车、飞驰科技、北汽福田，销量均超过 1000 辆，三者合计占全国燃料电池货车销量的 35%。前十企业销量合计 7496 辆，占燃料电池货车总销量的 68.3%。客车领域，2020—2024 年第一季度，燃料电池客车销量来自 34 家整车企业，如图 3-6 所示。排名前十的企业总销量占总客车销量的 76.8%，北汽福田、中通客车、苏州金龙三家企业的销量排在前三位，共占总销量的 23.1%。

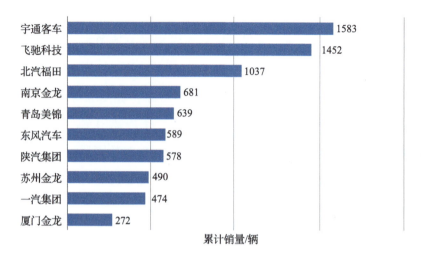

图 3-5　2020—2024 年 3 月国内燃料电池货车主要企业销量

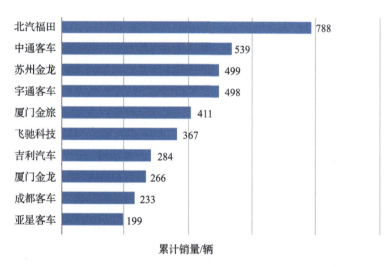

图 3-6　2020—2024 年 3 月国内燃料电池客车主要企业销量

3. 整车企业市场集中度

从燃料电池整车行业集中度来看，前五名和前十名集中度均逐年下降。如图 3-7 所示，根据销量数据，燃料电池整车行业前十名企业的行业集中度（CR10）由 2020 年的 86% 下降到 2023 年的 63.2%，前五名的行业集中度（CR5）由 2020 年的 65.3% 下降到 2023 年的 40.9%。2020 年燃料电池电动汽车市场规模较小，80% 以上的市场销量集中于十家企业，且前三名就占了六成以上，此时先发企业占据绝对优势，此后，行业集中度持续下降。其原因：一是经过两年的示范应用，各城市群都基本建立起了各自完善的产业链，各地都形成了具有一定实力的整车企业；二是随着市场规模的扩大，越来越多的后发企业进入市场，并逐渐占据了市场优势。从趋势上看，目前燃料电池电动汽车还具有较大的市场潜力，有着较多行业竞争机会，将吸引更多的优秀企业参与竞争。

图 3-7　2020—2023 年燃料电池整车行业市场集中度趋势

3.3　燃料电池整车企业接入特征

1. 整车企业接入整体特征

从平台推广车辆的生产企业来看，自平台运行以来，截至 2024 年 3 月，示范平台共接入来自国内 42 家燃料电池整车企业的燃料电池电动汽车 10163 辆。图 3-8 展示了主要的燃料电池整车企业接入平台的车辆数，以及分车型接入量分布。从累计推广量来看，累计推广量超 300 辆的企业有

10 家，总推广车辆数量为 8524 辆，约占平台车辆总数的 83.9%。其中，累计推广量超 500 辆的企业有 6 家，分别为宇通客车、北汽福田、飞驰科技、苏州金龙、上汽商用车和青岛美锦，总推广量占平台车辆总数的 68.2%。

图 3-8 截至 2024 年 3 月主要燃料电池整车企业接入平台车辆数及分车型接入量

2. 分车型整车企业接入特征

从不同车辆类型来看，平台接入车辆中，货车来自 37 家整车企业，客车来自 12 家整车企业，乘用车则均来自上汽商用车。如图 3-9 所示，在货车领域，接入量不低于 100 辆的整车企业有 15 家，接入量之和占平台货车总接入量的 88.6%。其中，接入车辆数超 500 辆的有 5 家，分别为宇通客车、飞驰科技、北汽福田、青岛美锦和苏州金龙，5 家企业的货车接入量之和占平台货车总量的 59%。货车是现阶段燃料电池电动汽车推广应用的主要车型，具有较大的应用潜力。因此，在示范政策的驱动下，众多企业入局氢能货车领域，但当前应用时间还较短，各家的产品仍旧需要更长时间的实际场景验证。

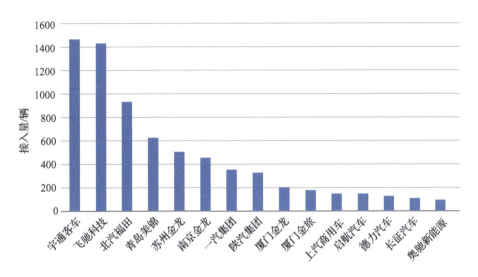

图 3-9　截至 2024 年 3 月主要货车企业接入车辆数

客车领域的企业较少，接入量超过 50 辆的整车企业共有 6 家，接入量之和占平台客车总接入量的 89.2%，如图 3-10 所示。企业推广集中度则更高，北汽福田、宇通客车和苏州金龙作为排名前三的整车企业，累计接入 1231 辆，占平台所有客车数量的 76.2%。客车的市场规模较小，目前公交、文旅等公共领域客车主要以电动客车为主，且由于公众对氢能安全性的认知不足，燃料电池客车的推广速度相对较慢，入局企业也更加集

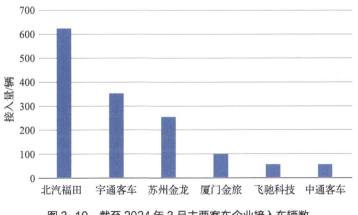

图 3-10　截至 2024 年 3 月主要客车企业接入车辆数

033

中,以北汽福田、宇通客车、苏州金龙、厦门金旅等头部企业为主。

3. 分城市群接入特征

从不同城市群来看,各城市群车辆推广情况与本地汽车产业基础有关。图 3-11~ 图 3-15 分别展示了五大示范城市群主要的整车企业及其车辆推广情况。

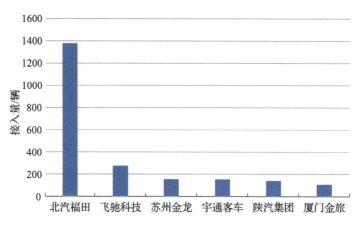

图 3-11　截至 2024 年 3 月京津冀城市群接入车辆主要生产企业

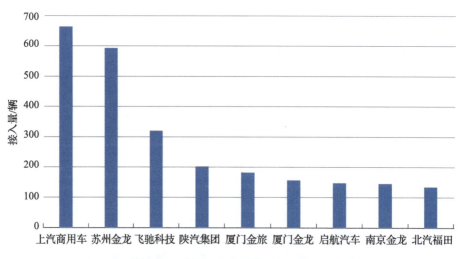

图 3-12　截至 2024 年 3 月上海城市群接入车辆主要生产企业

京津冀城市群中,北汽福田的车辆接入量居于首位,推广量为1380辆,占京津冀城市群总推广车辆数的48.3%,占该品牌在所有城市群推广车辆总数的88.7%。

上海城市群中,推广车辆品牌主要为上汽商用车、苏州金龙等。其中,上汽商用车的车辆接入量居于首位,推广量为657辆,占上海城市群总推广车辆数的23.7%,占该品牌在所有城市群推广车辆总数的99.1%。苏州金龙在上海城市群推广的车辆数为590辆,占该城市群总车辆数的21.3%,占该品牌在所有城市群推广车辆总数的77.6%。

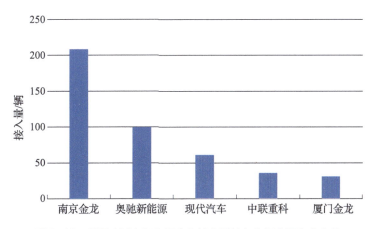

图3-13 截至2024年3月广东城市群接入车辆主要生产企业

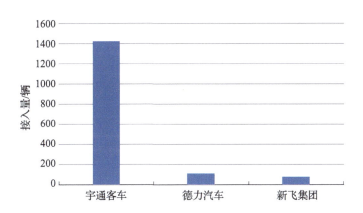

图3-14 截至2024年3月郑州城市群接入车辆主要生产企业

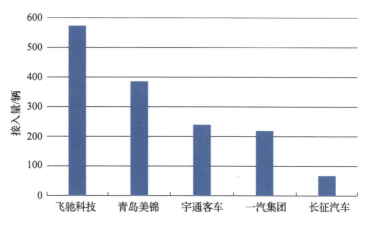

图 3-15　截至 2024 年 3 月河北城市群接入车辆主要生产企业

广东城市群中，南京金龙的车辆推广量排在首位，在该城市群共推广车辆 208 辆，占广东城市群总推广车辆数的 36.3%，占该品牌总推广车辆数的 46%。

郑州城市群中，推广量排名首位的为宇通客车，推广量占郑州城市群总推广车辆数的 87.2%，占该品牌在所有城市群推广车辆总数的 79.1%。除此之外，其余主要车辆品牌中，德力汽车、新飞集团等也均为河南本地国产汽车品牌。

河北城市群中，推广车辆品牌主要为飞驰科技、青岛美锦、宇通客车、一汽集团等。其中，飞驰科技的车辆接入量居于首位，推广量为 570 辆，占河北城市群总推广车辆数的 32.3%，占该品牌在所有城市群推广车辆总数的 38.4%。青岛美锦在河北城市群推广的车辆数为 381 辆，占该城市群总车辆数的 21.6%，占该品牌在所有城市群推广车辆总数的 58.3%。

由上述分析可知，对于具有良好汽车产业基础的城市群，如京津冀城市群、上海城市群、郑州城市群，推广车辆主要为北汽福田、上汽商用车、宇通客车等大型整车企业或商用车企业的产品。而对于燃料电池电动汽车或商用车产业基础较为薄弱的城市群，如河北城市群，本地汽车企业产品在推广车辆中的占比较少。整体来看，开展示范应用有力推动了燃料电池电动汽车制造产业化，为进一步大规模应用提供了良好的技术基础和市场基础。

3.4 典型整车企业接入特征

对典型整车企业的推广情况进行分析，如图3-16~图3-20所示。作为接入平台车辆数最多的整车企业，北汽福田生产的车辆在京津冀城市群、上海城市群和河北城市群都有推广，但主要集中于京津冀城市群，且几乎达到上海和河北城市群推广量之和的6倍左右。飞驰科技的车辆在除了郑州城市群以外的4个城市群均有推广，其中在河北城市群数量最多，其次为上海城市群和京津冀城市群，但作为广东本地企业，飞驰科技的车辆在广东城市群的推广量是最少的。宇通客车的车辆则分布在郑州城市群、河北城市群和上海城市群，且均为货车，其中在郑州城市群的推广量是最多的，是河北和上海城市群推广量之和的3倍多。苏州金龙的车辆分布在上海城市群、京津冀城市群和广东城市群，在后两个城市群中主要推广客车。上汽商用车的车辆在京津冀城市群和上海城市群均有分布，其中，上海城市群推广车辆数量占上汽商用车总推广车辆数的98.8%。

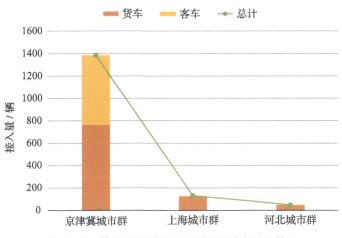

图3-16 截至2024年3月北汽福田车辆接入情况

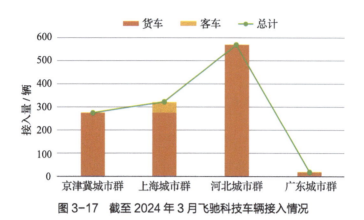

图 3-17　截至 2024 年 3 月飞驰科技车辆接入情况

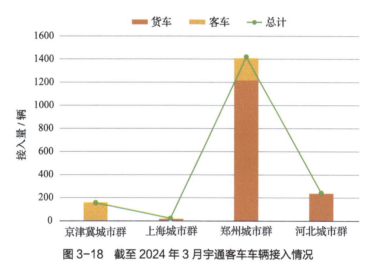

图 3-18　截至 2024 年 3 月宇通客车车辆接入情况

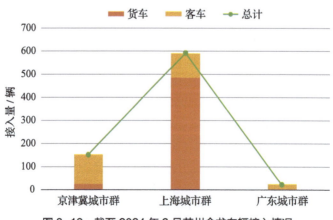

图 3-19　截至 2024 年 3 月苏州金龙车辆接入情况

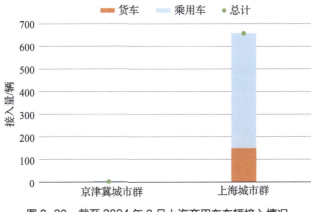

图 3-20　截至 2024 年 3 月上汽商用车车辆接入情况

整体来看，上述主要品牌的车辆在五大城市群内实现了运营推广，燃料电池电动汽车市场呈现出良好势头。且从上述分析中可知，整车企业产品的推广情况可能受以下因素的影响：一是城市群或地方政府对支持车辆推广政策的落实情况；二是城市群内是否具备适合车辆推广的运营场景；三是城市群内是否形成兼具便利性和经济性的车用氢能供给体系。

3.5　小结

1）我国燃料电池电动汽车市场以国产品牌为主，外资和进口品牌也开始进入国内市场。2014—2024 年 3 月，燃料电池电动汽车市场销量中，国产品牌销量共计 16496 辆，占全国燃料电池电动汽车市场的 98.1%。2022 年开始，燃料电池电动汽车市场中开始出现非国产品牌车辆，合资、进口和外资产品占比合计 0.6%；2023 年，这一比例增加至 3.3%；2024 年 1—3 月，又持续增加至 4.1%。

2）燃料电池整车行业集中度逐年下降，市场潜力较大且处于变动期。销量排名前十的燃料电池整车企业行业集中度（CR10）由 2020 年的 86% 下降到 2023 年的 63.2%，前五名的市场份额（CR5）由 2020 年的 65.3% 下降到 2023 年的 40.9%，燃料电池电动汽车市场规模在不断扩大，同时对其他企业来讲仍存在较大的行业竞争机会。

第 4 章
燃料电池零部件企业推广特征

4.1 零部件企业总体推广特征

自开展燃料电池电动汽车示范应用以来,我国燃料电池电动汽车产业链上下游快速发展,逐步形成了以京津冀、上海、广东、郑州、河北示范城市群为主体的产业化集群。各示范城市群积极制定相关政策,助力产业链上下游企业技术创新和规模发展,在燃料电池堆、膜电极、双极板、空气压缩机、氢气循环系统、催化剂、质子交换膜、碳纸等关键零部件领域逐步实现产业化应用。基于示范平台数据,本节统计了截至2024年3月国产关键零部件企业的推广情况,汇总见表4-1。

表4-1 截至2024年3月示范推广车辆中关键零部件国产产品装车情况

序号	零部件	产品装车率	典型企业
1	燃料电池堆	97.7%	神力科技、捷氢科技、韵量新能源、国鸿氢能、未势能源等
2	膜电极	87.3%	唐锋能源、捷氢科技、鸿基创能、韵量新能源、爱德曼等
3	双极板	85.3%	神力科技、上海治臻、国鸿氢能、爱德曼、国氢科技等

（续）

序号	零部件	产品装车率	典型企业
4	空气压缩机	90.1%	势加透博、金士顿等
5	氢气循环系统	86.2%	亿华通、瑞驱科技、东德实业等
6	催化剂	17.0%	济平新能源、氢电中科、国氢科技等
7	质子交换膜	10.9%	东岳未来、国氢科技、科润新材料等
8	碳纸	3.4%	嘉资新能源、国氢科技、通用氢能、上海碳际等

由表 4-1 可知，截至 2024 年 3 月底，平台接入的燃料电池车辆中，燃料电池堆、膜电极、双极板、空气压缩机、氢气循环系统等关键零部件领域，均已形成一批较为成熟的自主企业，国产产品的装车率均已超过 85%，已经能够满足规模化的车辆应用需求。

催化剂、质子交换膜、碳纸领域的国产产品在平台接入车辆中的应用比例相对较低，具有产业化能力的企业相对较少。催化剂领域中，进口或外资产品占比总计约为 83%，以田中贵金属（TKK）、科特拉（Cataler）、戈尔（Gore）、庄信万丰（Johnson Matthey，JM）等美日企业为主。整体来看，国产产品的装车率约为 17%，装车产品数量较示范初期增加了 4 倍多，自主化产品正逐步扩大产业化应用规模。

质子交换膜和碳纸领域中，国内企业产品已实现自主化技术突破及产业化验证，正处于产业化导入阶段。质子交换膜装车产品中，进口或外资产品装车量占比约为 89%，其中 Gore、Johnson Matthey 的产品占比较大。国内企业中，以东岳未来、国氢科技、科润新材料等企业为主，产品装车率约为 10.9%。碳纸领域中，外资或进口产品占比约为 96.6%，主要企业有东丽（Toray），西格里（SGL Carbon）、科德宝（Freudenberg）、AvCarb 等。国产产品的装车量占比约为 3.4%，以嘉资新能源、国氢科技、通用氢能、上海碳际等企业为主。

4.2 分领域零部件企业接入特征

1. 燃料电池系统企业接入特征

从示范平台溯源整车生产对应燃料电池系统装车企业的数据来看，平台接入车辆中，所装配的燃料电池系统共来自64家企业（包含子公司）。接入平台的车辆中，燃料电池系统国产产品占比约为98%，国产系统研发和生产能力得到了市场的广泛认可。主要企业有亿华通、上海捷氢、重塑能源和未势能源，装车量占平台车辆总数的54.2%。

从城市群来看，见表4-2，各城市群推广车辆中，所装配的燃料电池系统产品大都来自本城市群内的头部企业。京津冀城市群中，车辆装配的燃料电池发动机产品主要来自北京亿华通和国氢科技；上海城市群中，车辆主要装配捷氢科技和重塑能源的产品；广东城市群中，车辆中的燃料电池系统产品主要来自雄川氢能；郑州城市群中，亿华通与重塑能源的燃料电池系统产品装车率较高；河北城市群中，未势能源和北京亿华通的燃料电池系统产品占比较大。

表4-2 各城市群车辆中装配的燃料电池发动机产品主要企业

城市群	产品主要企业
京津冀	亿华通、国氢科技
上海	捷氢科技、重塑能源
广东	雄川氢能
郑州	亿华通、重塑能源
河北	未势能源、亿华通

2. 燃料电池堆企业接入特征

平台接入车辆中，所装配的燃料电池堆来自20余家企业（包含子公司）。燃料电池堆国产产品占比约为98%，主要企业有亿华通、上海捷氢、重塑能源和未势能源，主要企业燃料电池堆装车量占平台总数的54.2%。

各城市群车辆中装配的燃料电池堆产品主要企业见表 4-3。

表 4-3　各城市群车辆中装配的燃料电池堆产品主要企业

城市群	产品主要企业
京津冀	亿华通、神椽科技、国氢科技
上海	捷氢科技、韵量新能源、氢晨新能源
广东	广东清能、氢璞创能
河北	神椽科技、神力科技、未势能源
郑州	神力科技、韵量新能源

京津冀城市群中,车辆装配的燃料电池堆产品主要来自亿华通、神椽科技、国氢科技等;上海城市群中,车辆主要装配捷氢科技、韵量新能源、氢晨新能源等国产企业的燃料电池堆产品;广东城市群中,车辆中的燃料电池堆产品主要来自广东清能、氢璞创能;河北城市群中,神椽科技、神力科技、未势能源等企业的燃料电池堆产品占比较大;郑州城市群中,神力科技、韵量新能源的燃料电池堆产品装车率较高。整体来看,各城市群中推广的燃料电池电动汽车所装配的燃料电池堆产品主要来自本城市群内的燃料电池堆企业。

3. 膜电极企业接入特征

平台接入车辆中,所装配的膜电极来自 30 余家企业(包含子公司)。接入平台的燃料电池电动汽车装配的膜电极产品主要来自唐锋能源、鸿基创能、捷氢科技和韵量新能源,主要企业的膜电极装车量占总量的 61.2%。从城市群来看,见表 4-4,京津冀城市群中,车辆装配的膜电极产品主要来自唐锋能源、鸿基创能、国氢科技等;上海城市群中,车辆主要装配捷氢科技、氢晨新能源等企业的膜电极产品;广东城市群中,车辆中膜电极主要来自广东清能、鸿基创能;河北城市群中,车辆中膜电极主要来自唐锋能源、未势能源;郑州城市群中,唐锋能源、韵量新能源的膜电极产品装车率较高。

表 4-4　各城市群车辆中装配的膜电极产品主要企业

城市群	产品主要企业
京津冀	唐锋能源、鸿基创能、国氢科技
上海	捷氢科技、氢晨新能源
广东	广东清能、鸿基创能
河北	唐锋能源、未势能源
郑州	唐锋能源、韵量新能源

4. 空气压缩机企业接入特征

平台接入车辆中，所装配的空气压缩机来自20余家企业（包含子公司）。国产空气压缩机产品占比约为90%，国内企业有慧垣氢能、势加透博、金士顿等；外资企业主要有丰田纺织、现代氢能。

从城市群来看，见表4-5，京津冀城市群中，车辆装配的空气压缩机产品主要来自慧垣氢能、势加透博、金士顿、丰田纺织等；上海城市群中，车辆装配的空气压缩机产品主要来自势加透博、利勃海尔、金士顿；广东城市群中，车辆装配的空气压缩机产品主要来自势加透博、现代氢能；河北城市群中，车辆装配的空气压缩机产品主要来自慧垣氢能、金士顿、稳力科技、蜂巢蔚领；郑州城市群中，车辆装配的空气压缩机产品主要来自势加透博、金士顿。

表 4-5　各城市群车辆中装配的空气压缩机产品主要企业

城市群	产品主要企业
京津冀	慧垣氢能、势加透博、金士顿、丰田纺织
上海	势加透博、利勃海尔、金士顿
广东	势加透博、现代氢能
河北	慧垣氢能、金士顿、稳力科技、蜂巢蔚领
郑州	势加透博、金士顿

5. 氢气循环系统企业接入特征

平台接入车辆中，所装配的氢气循环系统共来自20余家企业（包含子公司）。国产氢气循环系统产品占比约为86%，国内企业有苏州瑞驱科技、北京聚兴华通、烟台东德实业、北京亿华通等；主要外资企业为丰田纺织。

从城市群来看，见表4-6，京津冀城市群中，车辆装配的氢气循环系统产品主要来自聚兴华通、丰田纺织、瑞驱科技、东德实业等；上海城市群中，车辆装配的氢气循环系统产品主要来自瑞驱科技、菱辰氢能；广东城市群中，车辆装配的氢气循环系统产品主要来自清能新能源、菱辰氢能；河北城市群中，车辆装配的氢气循环系统产品主要来自聚兴华通、亿华通动力科技、未势能源；郑州城市群中，车辆装配的氢气循环系统产品主要来自亿华通动力科技、聚兴华通、东德实业。

表4-6 各城市群车辆中装配的氢气循环系统产品主要企业

城市群	产品主要企业
京津冀	聚兴华通、丰田纺织、瑞驱科技、东德实业
上海	瑞驱科技、菱辰氢能
广东	清能新能源、菱辰氢能
河北	聚兴华通、亿华通动力科技、未势能源
郑州	亿华通动力科技、聚兴华通、东德实业

6. 双极板企业接入特征

平台接入车辆中，所使用的双极板共来自20余家企业（包含子公司）。国产双极板产品的装车量占比约为85%，国内主要有神力科技、治臻新能源等企业，主要外资企业有日清纺（Nisshinbo）、丰田汽车等。

从城市群来看，见表4-7，京津冀城市群中，车辆所使用的双极板产品主要来自神椽科技、治臻新能源、丰田汽车等；上海城市群中，车辆所使用的双极板产品主要来自治臻新能源、日清纺；广东城市群中，车辆所使用的双极板产品主要来自广东清能、氢璞创能、治臻新能源；河北城市群中，车辆所使用的双极板产品主要来自神椽科技、治臻新能源、神力科技；郑州城市群中，车辆所使用的双极板产品主要来自神力科技、日清纺。

表 4-7　各城市群车辆中使用的双极板产品主要企业

城市群	产品主要企业
京津冀	神椽科技、治臻新能源、丰田汽车
上海	治臻新能源、日清纺
广东	广东清能、氢璞创能、治臻新能源
河北	神椽科技、治臻新能源、神力科技
郑州	神力科技、日清纺

7. 催化剂企业接入特征

平台接入车辆中，所使用的催化剂材料共来自10余家企业（包含子公司）。国产催化剂产品占比约为17%，国内主要有济平新能源、国氢科技等企业；外资企业主要有田中贵金属、庄信万丰等。

从城市群来看，见表4-8，京津冀城市群中，车辆所使用的催化剂产品主要来自田中贵金属、科特拉、国氢科技等；上海城市群中，车辆所使用的催化剂产品主要来自田中贵金属、庄信万丰、济平新能源；广东城市群中，车辆所使用的催化剂产品主要来自济平新能源、现代摩比斯、庄信万丰；河北城市群中，车辆所使用的催化剂产品主要来自田中贵金属、武汉理工氢电；郑州城市群中，车辆所使用的催化剂产品主要来自田中贵金属、庄信万丰。

表 4-8　各城市群车辆中使用的催化剂产品主要企业

城市群	产品主要企业
京津冀	田中贵金属、科特拉、国氢科技
上海	田中贵金属、庄信万丰、济平新能源
广东	济平新能源、现代摩比斯、庄信万丰
河北	田中贵金属、武汉理工氢电
郑州	田中贵金属、庄信万丰

8. 质子交换膜企业接入特征

平台接入车辆中，所装配的质子交换膜来自 10 余家企业（包含子公司）。国产质子交换膜企业主要有国氢科技、东岳未来等。从城市群来看，见表 4-9，京津冀城市群中，车辆装配的质子交换膜产品主要来自戈尔、国氢科技、东岳未来等；上海城市群中，车辆主要装配戈尔、庄信万丰、东岳未来等企业的质子交换膜产品；广东城市群中，车辆装配的质子交换膜产品主要来自戈尔、现代摩比斯、苏州科润新材料；河北城市群中，车辆装配的质子交换膜产品主要来自戈尔、东岳未来等；郑州城市群中，车辆装配的质子交换膜产品主要来自戈尔、庄信万丰、东岳未来等。

表 4-9　各城市群车辆中装配的质子交换膜产品主要企业

城市群	产品主要企业
京津冀	戈尔、国氢科技、东岳未来
上海	戈尔、庄信万丰、东岳未来
广东	戈尔、现代摩比斯、苏州科润新材料
河北	戈尔、东岳未来
郑州	戈尔、庄信万丰、东岳未来

9. 碳纸企业接入特征

平台接入车辆中，所使用的碳纸材料共来自 10 余家企业（包含子公司）。主要外资或合资企业有日本东丽、德国西格里、美国 AvCarb、德国科德宝、科德宝·宝翎（Freudenberg & Vilene）、韩国 JNTG 等，这些企业的产品往往已经在国际市场广泛应用和验证。国内主要有嘉资新能源、国氢科技等企业。

从城市群来看，见表 4-10，京津冀城市群中，车辆装配的碳纸产品主要来自东丽、西格里、AvCarb、嘉资新能源、国氢科技等；上海城市群中，车辆主要装配东丽、西格里、AvCarb 等企业的碳纸产品；广东城市群中，车辆装配的碳纸产品主要来自西格里、现代摩比斯、嘉资新能源、国氢科技；河北城市群中，车辆装配的碳纸产品主要来自东丽、科德宝·宝翎、JNTG 等；郑州城市群中，车辆装配的碳纸产品主要来自东丽、科德宝、AvCarb 等。

表 4-10 各城市群车辆中装配的碳纸产品主要企业

城市群	产品主要企业
京津冀	东丽、西格里、AvCarb、嘉资新能源、国氢科技
上海	东丽、西格里、AvCarb
广东	西格里、现代摩比斯、嘉资新能源、国氢科技
河北	东丽、科德宝·宝翎、JNTG
郑州	东丽、科德宝、AvCarb

整体来看，国产碳纸的应用规模较小，这主要是由于碳纸技术门槛较高、工艺流程复杂、生产装备要求高等，尤其是燃料电池气体扩散层用碳纸对于产品的电导率、孔隙率等有着更加严苛的要求，制造生产难度较大。近年来，在政策的引导支持下，国内碳纸研发生产企业不断增加，产品质量也得到了市场认可，已经开始小批量应用验证。随着国产碳纸在燃料电池和车辆上的持续推广应用，其产品将加快迭代，在未来几年内有望实现国产化率突破，也将对推动燃料电池电动汽车降低成本起到重要作用。

4.3 小结

1）中国燃料电池电动汽车产业链上下游发展迅速，国产零部件产品自主化推广规模扩大。燃料电池堆、膜电极、双极板、催化剂、碳纸、质子交换膜、空气压缩机、氢气循环系统等关键零部件领域逐步实现产业化应用，其中，燃料电池堆、膜电极、双极板、空气压缩机、氢气循环系统等关键零部件领域均已形成一批较为成熟的自主企业，国产产品的装车率均已超过 85%，现有产品已经能够满足规模化的车辆应用需求。催化剂、质子交换膜、碳纸领域的国产产品在平台接入车辆中的应用比例相对较低，但已初步实现小规模示范应用。

2）中国燃料电池电动汽车产业链形成了以城市群为主体的产业化集群。各城市群中，基本形成涵盖主要零部件生产制造的产业集群。例如，京津冀城市群中，已形成包括亿华通、国氢科技、神樑科技等燃料电池系统或燃料电池堆企业，慧垣氢能、势加透博、金士顿等空气压缩机企业，聚兴华通等氢气循环系统企业，神樑科技、冶臻新能源等双极板企业，国氢科技等催化剂企业，国氢科技、东岳未来等质子交换膜企业，嘉资新能源、国氢科技等碳纸企业的燃料电池零部件产业集群。

第三篇 性能评价

中国燃料电池电动汽车示范应用
大数据研究报告（2024）

第 5 章
燃料电池电动汽车静态技术性能评价

5.1 燃料电池整车性能评价

本章重点对示范车辆性能的相关静态指标进行统计分析，具体包含燃料电池整车性能指标和关键零部件性能指标，以此来评价燃料电池整车及关键零部件的技术发展水平。

1. 纯氢续驶里程

平台接入的燃料电池电动汽车的纯氢续驶里程分布情况如图 5-1 所示，全部车辆的纯氢续驶里程均能够达到 200km 以上，300km 以上的车辆占比 81.7%，500km 以上的车辆占比 6.0%。车辆的纯氢续驶里程极值和平均值变化如图 5-2 所示，自示范初期至 2023 年第四季度，平台新接入车辆的纯氢续驶里程平均值基本在 370km 上下波动，最大、最小值之差呈现缩小趋势，表明不同车辆的续驶性能分布更加集中。

2. 燃料电池与驱动电机额定功率比

平台接入车辆的燃料电池与驱动电机额定功率比分布情况如图 5-3 所示，车辆的燃料电池与驱动电机额定功率比均大于 50%，均能够满足示范应用政策考核评价指标的相关要求，其中，30% 以上车辆的燃料电池与驱动电机额定功率比超过 110%。

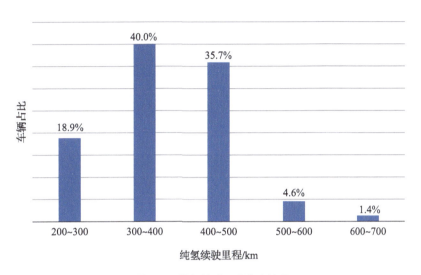

图 5-1 纯氢续驶里程分布情况

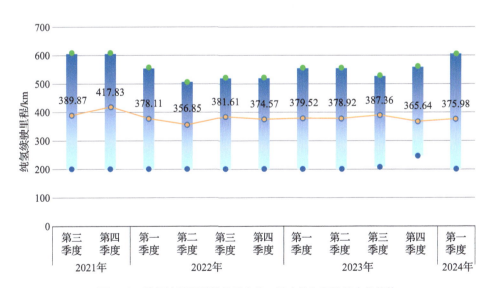

图 5-2 纯氢续驶里程数值最大值、最小值和平均值变化趋势

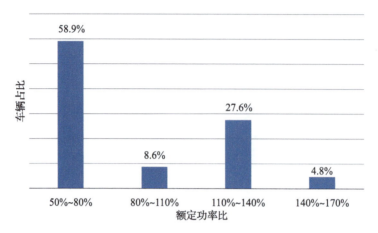

图 5-3 燃料电池与驱动电机额定功率比分布情况

5.2 燃料电池系统性能评价

1. 额定功率

平台接入车辆的燃料电池系统额定功率总体分布情况如图 5-4 所示，燃料电池系统额定功率均在 50kW 以上。90~130kW 的车辆占比最多，为 58.1%，大功率系统成为主流。额定功率与车型的关系如图 5-5 所示，

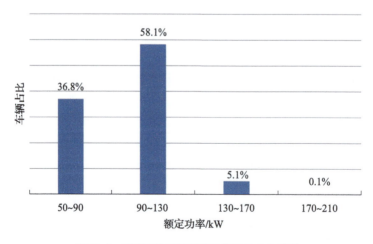

图 5-4 燃料电池系统额定功率总体分布情况

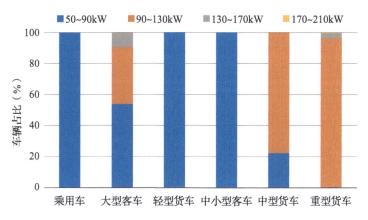

图 5-5　各车型燃料电池系统额定功率分布情况

轻型货车和中小型客车的发动机额定功率在 50~90kW 的占比均为 100%，其运输场景和工况对动力的需求相对较低，更侧重于效率和经济性。乘用车燃料电池系统额定功率均分布在 50~90kW。大型客车燃料电池系统中额定功率为 50~90kW 的比例最高，为 53.9%，90kW 以上占比 46.1%。重型货车中燃料电池系统额定功率为 90~130kW 的比例最高，为 96.5%，随着车型尺寸和载重的增加，燃料电池系统所需功率也随之增加。

2. 质量功率密度

质量功率密度是燃料电池系统性能先进性和系统集成度的重要衡量指标之一。车辆燃料电池系统质量功率密度分布情况如图 5-6 所示，质量功率密度集中分布于 500~600W/kg 之间，且 94.22% 的车辆所装配的燃料电池系统的质量功率密度不低于 400W/kg，近 20% 超过 700W/kg，国产燃料电池系统的性能已达到较高水平。

质量功率密度极值和平均值随时间推进的变化情况如图 5-7 所示，燃料电池系统质量功率密度平均值呈现波动增长的趋势，截至 2024 年 3 月，相较于示范应用初期，平均值提升了 13.7%。同时，最大值和最小值均呈现波动提升趋势。作为燃料电池电动汽车的核心部件，燃料电池系统性能的提升将有力促进整车动力性能的进步，我国燃料电池系统的集成度持续提高。

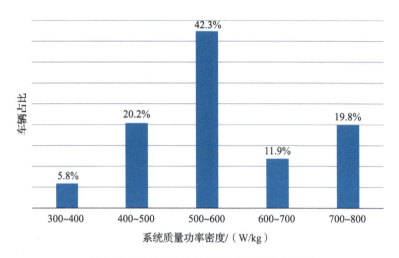

图 5-6 燃料电池系统质量功率密度分布情况

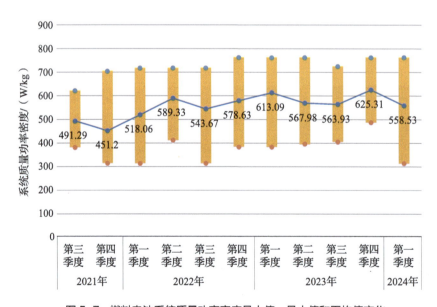

图 5-7 燃料电池系统质量功率密度最大值、最小值和平均值变化

3. 低温冷启动温度

从燃料电池系统的低温冷启动温度分布情况来看，所有车辆的冷启动温度均不高于 –30℃，表明车辆冷启动性能已能够达到较严格的寒冷条件下较高的使用要求。其中，约 0.2% 的车辆冷启动温度低至 –35℃~–40℃，能够满足更加寒冷地区车辆的冷启动需求。

5.3 其他关键部件性能评价

1. 燃料电池堆额定功率

车辆燃料电池堆额定功率分布情况如图 5-8 所示，53.9% 的车辆燃料电池堆的额定功率不低于 120kW。各车型燃料电池堆额定功率分布情况如图 5-9 所示，乘用车燃料电池堆额定功率全部集中在 80~120kW，轻型货车和中小型客车燃料电池堆额定功率主要集中在 80~120kW，中型货车与重型货车燃料电池堆额定功率主要集中在 120~160kW。整体上燃料电池堆额定功率与车辆载重能力呈正相关关系，随着车型载重能力的增加，对燃料电池堆的功率需求也相应增加，与此同时，燃料电池技术在适应不同车型和应用需求方面也具有一定的灵活性。

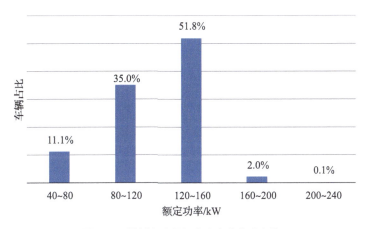

图 5-8 燃料电池堆额定功率总体分布情况

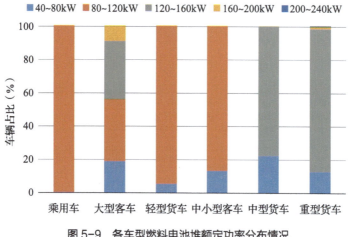

图 5-9 各车型燃料电池堆额定功率分布情况

2. 燃料电池堆体积功率密度

车辆燃料电池堆体积功率密度分布情况如图 5-10 所示，95.4% 的车辆燃料电池堆体积功率密度不低于 3.0kW/L，其中 82.2% 的车辆所装配的燃料电池堆体积功率密度集中分布于 3.0~4.0kW/L 之间。此外，约 1.7% 的车辆燃料电池堆体积功率密度达到 5.0kW/L 以上，比 2023 年第四季度增加了 1.3%。根据公开资料，丰田第一代 MIRAI 的燃料电池堆体积功率密度为 3.5kW/L，质量功率密度为 2.8kW/kg；丰田第二代 MIRAI 开发的燃料电池堆体积功率密度增加到 5.4kW/L（不包括端板），质量功率密度增加到 5.4kW/kg（不包括端板）。目前国内燃料电池堆产品技术水平提升迅速，但整体达到国际先进技术水平的产品数量还较为有限。

示范期内燃料电池堆体积功率密度极值和平均值随时间变化情况如图 5-11 所示，燃料电池堆体积功率密度平均值呈现先增加后趋于平稳的趋势。截至 2024 年 3 月，相较于示范应用初期，燃料电池堆体积功率密度平均值提升了 14.2%，我国燃料电池车辆所装配的燃料电池堆性能持续提升。

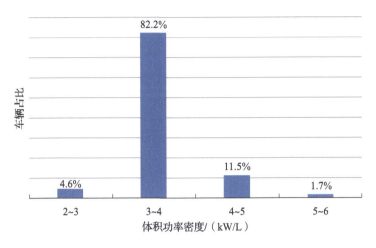

图 5-10　燃料电池堆体积功率密度分布情况

图 5-11　燃料电池堆体积功率密度最大值、最小值和平均值变化

车辆燃料电池堆生产企业分布情况如图 5-12 所示，产自中国企业的燃料电池堆数量占比为 96.3%，产自外国企业的燃料电池堆数量占比为 3.7%，表明中国企业在燃料电池堆的生产方面具有较大的规模和产能优势。其中，国外企业的燃料电池堆体积功率密度均不低于 4kW/L。尽管

国外企业生产数量在国内市场占比较小，但其燃料电池堆在体积功率密度这一关键性能指标上表现出色，特别是在高功率密度的燃料电池堆（体积功率密度不低于5kW/L）中，国外企业的产品占比达到79.1%，在高性能、紧凑型、轻量化燃料电池堆市场中占据优势。

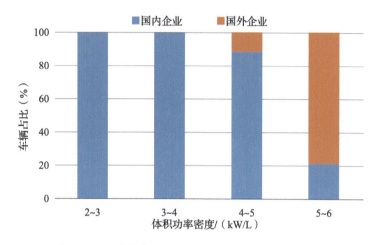

图 5-12　国内外企业燃料电池堆体积功率密度分布情况

3. 双极板类型

燃料电池电动汽车的双极板技术路线主要包括石墨双极板、金属双极板和复合材料双极板三种类型。双极板技术路线的选择是一个多因素考量的结果，包括性能、成本、加工工艺、耐久性等，不同技术路线有其特定的应用场景和优势。车辆燃料电池双极板材质类型分布如图5-13所示，石墨材质占比为54.8%，为目前主流技术路线。随着技术的进步和成本的降低，金属双极板在提高燃料电池性能和降低成本方面具有较大潜力，占比40.3%。同时，复合材料双极板有少量应用，占比4.9%，制备工艺水平仍待进一步提升。

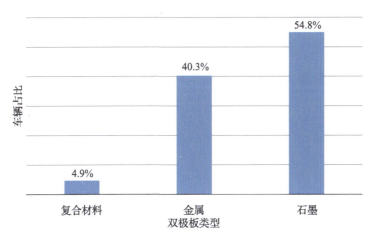

图 5-13 燃料电池双极板材质类型分布

5.4 小结

1)示范应用期间燃料电池整车和零部件技术水平显著提升。车辆纯氢续驶里程普遍达到 300km 以上,持续向长续驶里程发展;燃料电池冷启动温度均不高于 −30℃,部分产品可以达到 −40℃;燃料电池系统额定功率均在 50kW 以上,部分领先产品可以达到 200kW 以上;燃料电池系统质量功率密度均不低于 300W/kg,部分先进产品可达到 800W/kg。

2)国内企业持续突破大功率技术,但功率密度仍需提升。随着商用车比例增加,尤其是大载重货车的比例增加,大功率燃料电池系统成为主流,进而带动了燃料电池堆技术持续向大功率方向发展。目前燃料电池堆额定功率集中在 120~160kW,82.2% 的车辆所装配的燃料电池堆功率密度集中分布于 3.0~4.0kW/L 之间,仅有约 1.7% 的车辆燃料电池堆功率密度达到 5kW/L 以上,国产产品与国际先进水平相比还存在一定差距。

第6章
燃料电池电动汽车动态技术性能评价

6.1 动态技术评价指标体系

燃料电池电动汽车数据基于 GB/T 32960.3—2016《电动汽车远程服务与管理系统技术规范 第3部分：通信协议及数据格式》的要求与示范评价平台建立通信连接，车辆的实时数据上传周期均不大于10s。信息类型包含整车数据和零部件数据，其中零部件数据以燃料电池数据为主。主要数据表示内容见表6-1。基于表中信息类型对车辆运行过程中的动态性能进行分析。对于整车的动态性能评价将分别从车辆运行性能、整车能量管理的角度，对车辆的实时报文数据进行评价分析。对于示范车辆关键零部件动态性能的评价将主要选择燃料电池堆和燃料电池系统作为主要的零部件，对实时报文数据进行评价分析。

表6-1 平台车辆实时数据信息主要表示内容

信息类型	主要表示内容
整车数据	车辆状态
	充电状态
	车速
	荷电状态（SOC）

(续)

信息类型	主要表示内容
整车数据	氢气压力
	……
燃料电池数据	燃料电池电压
	燃料电池电流
	燃料电池温度探针总数
	探针温度值
	……

6.2 整车动态技术性能评价

1. 车辆运行速度

基于平台车辆的实时表显车速数据，分别统计得到燃料电池商用车和乘用车的车辆速度分布，分别如图 6-1 和图 6-2 所示。图 6-1 中，商用车运行期间，车速大都集中分布于 40~60km/h，同时，大量的行驶时间中速度在 0~20km/h 之间，低速时间出现较为频繁，表明车辆大多在城市内主要道路、园区内的固定路线等需要限速或需要频繁加减速的场景中行驶。此外，车速在 60~80km/h 区间内的运行时间占比较大，说明示范车辆有在城市快速路上运行的情况。

由图 6-1 可知，燃料电池商用车在运行期间，少数时间下车速可以达到 80km/h 以上，表明部分燃料电池车辆在积极探索高速或跨区域运行，而由于示范车辆类型以中重型货车和大型客车为主，车辆运行最高速度不应超过 100km/h。目前高速行驶占比仍较少，表明商用车的运行场景还未充分发挥出燃料电池车辆的跨区域运行性能优势，未来随着整车产品不断成熟，售后保障和氢能供应不断完善，应持续探索燃料电池电动汽车的跨区域运行，发挥比较优势。

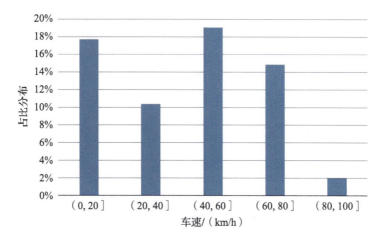

图 6-1　燃料电池商用车运行速度分布

由图 6-2 可知，燃料电池乘用车运行速度分布范围比商用车更宽，在 20~40km/h、40~60km/h、60~80km/h 速度区间的占比分布相近。同样地，0~20km/h 速度区间内的占比较多，表明乘用车主要在城市内部道路上行驶，且乘用车的加减速更加平稳，这可能是由于乘用车主要应用场景为网约租赁和公务用车，行驶行为更考虑乘客感受。此外，车速在 100km/h 以上的占比较商用车更高，表明乘用车在高速公路上行驶的概率增加，且在少数时刻能够以较高的车速行驶，使得司乘获得与燃油汽车和电动汽车同样的驾驶体验。

2. 整车能量管理模式

能量管理是燃料电池电动汽车的核心技术之一，主流方式是将燃料电池＋动力电池作为动力来源，通过合理分配燃料电池系统和动力电池系统的功率输出，优化两者的效率，在满足车辆运行需求的前提下，使得动力电池的荷电状态（State of Charge，SOC）在合理的范围内波动（通常为 30%~90%），同时避免对燃料电池寿命不利的工况，如大幅变载、起停、连续低载和过载等。基于平台车辆上传的实时运行数据，结合车速、动力电池 SOC、燃料电池电流和电压等整车和零部件数据，可以根据整车功率需求的区别，将工况分为整车功率需求很小、整车功率需求中等及整车功率需求较大三种工况，来研究分析实车运行中的车辆能量控制方式。

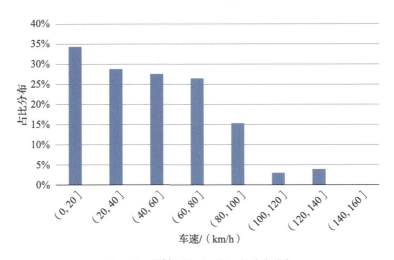

图 6-2　燃料电池乘用车运行速度分布

（1）整车功率需求较小工况

在燃料电池整车需求功率很小的驱动工况（比如蠕行）下，车速较小，仅使用动力电池的功率就足以满足整车功率需求。因此，燃料电池系统输出功率很小，主要依靠动力电池功率运行，典型的车辆运行速度与 SOC 之间的关系如图 6-3 所示。初始时刻，车辆的 SOC 约为 99%，当车速提升时，SOC 降低；车速降低时，动力电池通过制动能量回收实现充电，SOC 增加。但整个过程中，燃料电池系统均不输出功率。

（2）整车功率需求中等工况

整车功率需求不太大的驱动情况下，燃料电池系统工作在高效区，其发出的功率刚好满足整车功率需求。此时动力电池 SOC 较高，故燃料电池系统不给动力电池充电。图 6-4 展示了该工况下典型的车速、功率和

SOC 曲线，运行车速最高不超过 60km/h，车辆的缓慢加速均由燃料电池功率进行调节，SOC 几乎不变。同样在图 6-4 中也展示了制动工况下 SOC 和燃料电池系统的功率变化情况，通过降低燃料电池功率，实现车辆减速，同时动力电池通过车轮处的制动能量回收进行充电，因此，SOC 仍保持较高水平。

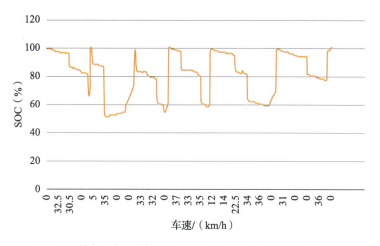

图 6-3 整车功率需求较小工况下典型的车速与 SOC 关系曲线

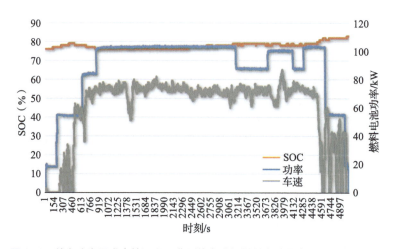

图 6-4 整车功率需求中等工况下典型的车速与燃料电池功率、SOC 关系曲线

（3）整车功率需求较大工况

图 6-5 展示了在整车功率需求较大时，车速与燃料电池功率和 SOC 之间的典型关系曲线。由图可知，当车辆由 50km/h 加速至 90km/h 时，燃料电池系统功率增加，SOC 下降，表明燃料电池堆和动力电池共同为整车提供电力。当车辆在以较大的加速度加速或减速时，燃料电池功率变化幅度较小。

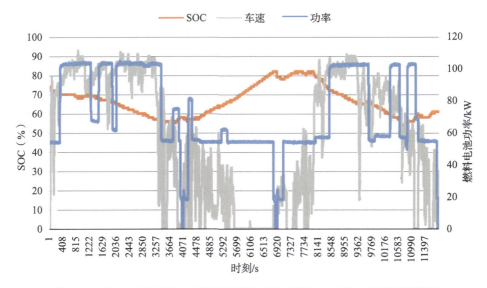

图 6-5　整车功率需求较大工况下典型的车速与燃料电池功率、SOC 关系曲线

综上，现阶段燃料电池电动汽车（商用车）大多采用以燃料电池为主，动力电池为辅的驱动方式来实现功率分配，采用的能量管理策略大多为功率跟随模式，通过优化燃料电池的控制，使其始终运行在效率最佳的状态，同时将动力电池作为功率平衡装置，满足汽车行驶过程中的具体功率需求。具体来说，当车辆处于功率需求较小工况时，以动力电池为主进行放电，燃料电池堆则处于静默状态，SOC 也处于 90% 以上的较高水平；当车辆处于功率需求中等工况时，燃料电池堆为车辆提供动力，同时动力电池进行能量回收，SOC 稳定保持在 70%~90%；当车辆功率需求较高时，

燃料电池堆的输出功率也达到较高水平，同时动力电池也进行放电，此时 SOC 通常低于 70%，能够满足车辆多种运行需求。燃料电池系统的构成和反应过程较为复杂，随着车辆的应用场景更加多样和使用环境更加严苛，开发更加有效的能量管理策略将愈发重要。

3. 整车氢耗水平与经济性

根据下式计算车辆实际运行期间的氢耗水平，用百公里氢耗（单位为 kg/100km）来表示：

$$百公里氢耗 = \frac{单次加氢量}{(D_{t_i} - D_{t_0})/100}$$

式中，D_{t_i} 和 D_{t_0} 为加氢间隔中的车辆表显里程。根据上式计算得到不同类型的车辆在实际运行过程中的平均氢耗水平，见表 6-2。

表 6-2　车辆实际运行中氢耗水平

车辆类型	百公里氢耗/（kgH$_2$/100km）
重型货车	12.6
中型货车	7.2
轻型货车	3.7
大型客车	5.1
乘用车	1.6

分车型来看，燃料电池示范车辆在实际运行下的氢耗水平如下：重型货车百公里氢耗量约 12.6kg，中型货车和轻型货车的百公里氢耗量分别为 7.2kg 和 3.7kg，大型客车的百公里氢耗量为 5.1kg，乘用车的百公里氢耗量约为 1.6kg。根据 2023 年机动车上险数据，计算燃油汽车不同车型的工况油耗平均值，见表 6-3。

根据示范应用政策要求，氢气的终端加注价不高于 35 元/kg，结合百公里氢耗计算得到百公里用氢成本，同时，基于燃料电池电动汽车同等车

表 6-3 燃油汽车平均工况油耗水平[①]

车辆类型	燃油种类	百公里油耗 / (L/100km)
重型货车	柴油	28.4
中型货车	柴油	19.4
轻型货车	柴油	10.7
大型客车	柴油	23.4
乘用车	汽油	7.3

①数据来源于 2023 年机动车上险数据。

型的油耗水平,根据公开资料,2023 年柴油平均价格为 7.5 元 /L,92 号汽油平均价格为 7.2 元 /L,得到燃油汽车百公里燃油成本,对比车辆的用能经济性,见表 6-4。对于各种货车车型来说,同等距离下,用氢成本与用油成本差距较大,尤其对于耗能量较大的重型货车来说,在现行氢能售价标准下,百公里用氢成本约为用油成本的 2 倍。对于大型客车和乘用车来说,在现有氢气终端售价下,用氢和用油的成本相差不大。总的来说,现有示范应用政策对用氢成本为 35 元 /kg 的要求能够有效缩短用氢和用油的经济性差距,但要实现更有利的运营经济性,需持续加强氢能供给能力,适当降低氢气价格。

表 6-4 燃料电池电动汽车与燃油汽车用能经济性对比

车辆类型	百公里用氢成本 / (元 /100km)	百公里用油成本 / (元 /100km)
重型货车	441	213
中型货车	251.7	145.5
轻型货车	129.9	80.3
大型客车	178.9	175.5
乘用车	57.1	52.6

从第 6 章的分析来看,运营的经济性是影响燃料电池电动汽车运营效率的重要因素之一。目前的示范应用政策规定城市群内氢气终端售价不得高于 35 元 /kg,尽管大部分地区在央地两级补贴下氢价基本能够达到要

求，但是在部分缺少工业副产氢的地区，氢价处于较高水平，成为影响车辆运营积极性的主要因素。一方面，需要建立稳定、经济的氢能供给体系，进一步降低氢能终端售价；另一方面，也需要持续优化燃料电池车辆能耗水平，持续降低车辆百公里氢耗。

6.3 燃料电池动态技术性能评价

1. 燃料电池堆运行状态评价

目前燃料电池电动汽车的动力来源是由燃料电池与辅助动力源协同工作的混合驱动为主要技术路线。图 6-6 分别展示了车辆单次运行时间与燃料电池堆单次运行时间的分布。由图可知，燃料电池堆单次运行时间与车辆单次运行时间的分布呈现一致性，且均集中于 2h 以内，表明燃料电池电动汽车基本都是用氢行驶的。同时，由上文可知，燃料电池堆通常是在整车功率需求中等或较大时运行，这给燃料电池堆性能带来较大的考验。

图 6-6　燃料电池堆运行时间与车辆单次运行时间分布

车辆运行过程中的燃料电池堆温度的分布如图 6-7 所示,燃料电池堆温度集中分布于 70~80℃,这表明燃料电池电动汽车大多数时刻都依靠燃料电池系统提供驱动力。燃料电池堆的正常工作温度约 70~80℃,因此,该数据也能够说明燃料电池堆的正常工作与外界温度无关,即使在冬季,燃料电池堆依然可以在启动后达到正常温度。部分时间下燃料电池堆温度分布在 60℃ 以下,这主要存在于车辆起动过程中或车辆功率需求很小的情况下,此时燃料电池不需要高效运行。但也需要注意到,少量时间的燃料电池堆温度在 80~90℃,略高于最佳工作温度范围,长期在较高温度下工作对燃料电池堆的催化剂、质子交换膜等有一定的破坏性,因此,燃料电池电动汽车的使用方应进一步规范使用条件并定时检查温度探针等监测部件。

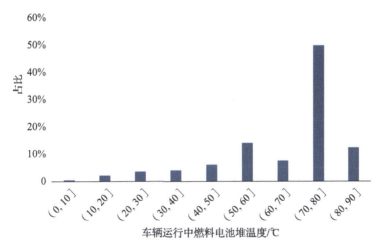

图 6-7 车辆运行期间燃料电池堆温度分布

2. 燃料电池堆功率比

在功率跟随模式下,大多数时间动力电池 SOC 保持在 30%~90% 的最佳区间内。燃料电池也会在一个设定的功率范围内运行,以避免寿命的损耗。图 6-8 呈现了车辆单次行驶的最高车速与燃料电池堆输出功率之间的关系，并用燃料电池堆的实际功率与该燃料电池堆额定功率的比值归一化。

图 6-8 所示样本为燃料电池商用车，车辆单次起动运行的最高车速分布在 40~100km/h，燃料电池堆的实际功率集中分布于其额定功率的 40%~50% 之间，也有较大部分分布在 30%~80% 之间，少数分布在 80% 以上和 30% 以下。所有的功率比对应的车辆最高车速并无特定区间，在各车速下都有分布，但值得注意的是，通常在较高的功率比下 SOC 较低，约为 30%，而在较低的功率比下，SOC 通常高于 60%。

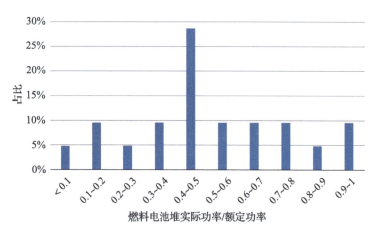

图 6-8　最高车速下燃料电池堆实际功率与额定功率比值分布

6.4　小结

1）燃料电池车辆行驶速度以中低速为主，运营区域主要在城市内部，跨区域运行已在探索。车辆运行期间，燃料电池商用车的车速大都集中分布于 40~60km/h，同时车速在 60~80km/h 区间内的运行时间也有较大占比，存在在城市快速路上行驶的情况。另有少量时间内的车速可以达到 80km/h 以上，说明部分车辆在积极探索高速运行。燃料电池乘用车运行速度分布范围比商用车更宽，主要在城市内部道路上行驶，但车速在 100km/h 以上的占比相较商用车增加。

2）车辆普遍采用以燃料电池为主、动力电池为辅的方式进行功率分配。燃料电池车辆行驶期间，通过功率跟随模式，燃料电池与动力电池配合以优化燃料电池输出功率的控制，使其始终运行在最佳效率状态，同时，利用动力电池作为功率平衡装置，满足汽车行驶过程中的具体功率需求，燃料电池堆的实际功率集中分布于其额定功率的 40%~50% 之间。

3）现行政策中 35 元/kg 的氢价要求距离实现大部分车辆的运营经济性还有一定差距。对于大型客车和乘用车来说，在现有示范应用政策中 35 元/kg 的氢价要求下，用氢和用油的成本相差不大。对于各种货车车型来说，百公里用氢成本与用油成本差距较大。因此，需持续加强氢能供给能力，降低氢气终端价格，并进一步降低车辆氢耗水平，增强运营经济性。

第四篇
运营
特征

中国燃料电池电动汽车示范应用
大数据研究报告（2024）

第 7 章
燃料电池电动汽车运行特征

7.1 样本量和评价指标

自示范平台开始运行至 2024 年 3 月底,示范评价平台累计接入燃料电池电动汽车超过 10000 辆,本章重点对车辆的整体运行情况、分区域、分车型、分场景下的车辆运行情况等开展评估分析。表 7-1 列出了主要的运行特征指标计算方法及说明。

表 7-1 车辆主要运行特征指标计算方法及说明

序号	指标	计算说明
1	月上线率	月上线率[①] $=\dfrac{\text{当月内有正常报文的车辆数}}{\text{截至当月平台车辆总数}}$
2	历年平均月上线率	平均月上线率 $=\dfrac{\sum_1^{12}\text{月上线率}}{12}$
3	车辆月均行驶里程	月均行驶里程 $=\dfrac{\text{该车辆当期内总里程}}{\text{月份数}}$

① 依据《全国重点营运车辆联网联控系统考核管理办法》,通过计算样本统计的当期车辆的运行数量占车辆累计接入量的比值,得到当期车辆上线率数据。

7.2 车辆整体运行特征

1. 车辆上线率整体特征

平台车辆的整体月上线率随时间变化趋势如图 7-1 所示，从 2022 年 1 月至 2024 年 3 月，车辆的各月上线率变化呈现逐渐平稳的趋势，平台所有燃料电池电动车辆的平均月上线率为 68.1%。

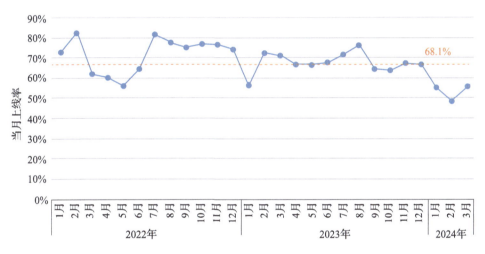

图 7-1　2022 年 1 月—2024 年 3 月平台车辆月上线率趋势

统计车辆的历年平均月上线率见表 7-2，2022 年和 2023 年的燃料电池电动汽车月上线率平均值分别为 70.9% 和 67.4%（2024 年仅统计了第一季度的数据，不能够反映全年的情况，因此不在此进行对比）。根据《中国新能源汽车大数据研究报告（2023）》，2022 年全国新能源汽车的月上线率平均值为 84.8%，由于燃料电池电动汽车仍处于产业初期和示范应用阶段，因此车辆利用率稍低，但现阶段燃料电池电动汽车月均上线率已经基本能够追赶上新能源汽车在 2018 年的水平（70.2%），表明尽管燃料电池电动汽车处于市场化发展初期，但车辆的利用率呈现出较好发展态势。

表 7-2 平台燃料电池电动汽车历年平均月上线率

年份	2022 年	2023 年	2024 年
统计范围	全年	全年	第一季度
平均月上线率	70.9%	67.4%	54.0%

2022 年、2023 年的月上线率如图 7-2 所示，2022 年各月车辆上线率数值呈现较大的波动，最高值出现在 7 月，为 81.2%，最低值出现在 5 月，为 55.9%，差距可达到 25.3%。进入 2023 年后，各月的车辆上线率变化更加平稳，极值的差距降低至 19.9%，能够说明燃料电池电动汽车正在逐步进入常态化运行阶段。

图 7-2 2022—2024 年平台燃料电池车辆月上线率趋势

各年度内月上线率的分布整体均呈现"M"形，即历年的第一季度和第三季度的月上线情况普遍好于第二、第四季度，2022 年、2023 年月上线率最高的两个月都是 7 月和 8 月，这与车辆使用环境和示范应用考核要求有关。此外，2022 年燃料电池电动汽车的月均上线率比 2023 年高，有两方面原因：一方面，由于 2022 年处于示范应用第一年度内，且示范评价平台刚投入使用，因此可能会存在大量车辆接入及开展运行调试

第 7 章　燃料电池电动汽车运行特征

的情况，导致上线率稍高；另一方面，随着示范应用工作推进，不同区域、不同车型、不同场景下的车辆上线率较示范应用初期可能会发生大幅度变化。下面将分别对不同维度下的燃料电池电动汽车的运行情况进行研究和评估，进一步剖析运行特征并总结燃料电池电动汽车示范运行经验。

2. 车辆行驶里程特征

从示范评价平台正式运行至 2024 年第一季度，接入平台的燃料电池电动汽车累计行驶里程已达约 2 亿 km，月平均总行驶里程为 723.56 万 km。图 7-3 分别展示了当月平台车辆总行驶里程和平均车辆月行驶里程趋势。当月车辆总行驶里程整体呈现上升趋势，2022 年最高单月总行驶里程为 884 万 km，2023 年最高达到单月 1666 万 km。随着车辆接入数量不断增加，月行驶里程增速放缓，燃料电池电动汽车的运营状态逐渐平稳和常态化。从 2022 年年底至 2023 年年底，平台车辆接入量增加了约 1.5 倍，但是月行驶里程仅增加了不到 1 倍。

图 7-3　2022—2024 年 3 月平台车辆当月总行驶里程和平均车辆月行驶里程趋势

此外，将当月平台车辆总行驶里程用当期平台接入总车辆数进行平均化，得到平均车辆月行驶里程数据。从图 7-3 可以看到，2023 年以来，平均车辆月行驶里程趋于平稳，约为 1000~1200km，与电动汽车相比较低。从 2023 年第三季度开始，平均里程有所降低，表明部分车辆的日常运营状况有所下降。

图 7-4 展示了燃料电池示范车辆的月均行驶里程分布情况。2022—2024 年第一季度，平台所有燃料电池示范车辆的月均行驶里程集中分布于 1000km 以内，车辆数量占比约为 70.8%。月均里程大于 2000km 的车辆占比仅为 8%。整体来看，所有示范车辆月均行驶里程的平均值为 766.2km，与电动汽车相比存在较大差距，主要原因为目前处于规模化应用初期，氢能供给体系尚不健全，大多数车辆应用以短途运输为主。

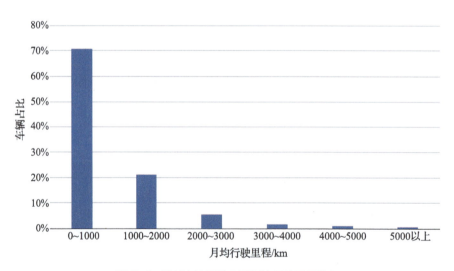

图 7-4　燃料电池示范车辆月均行驶里程分布

图 7-5 为 2022—2024 年燃料电池车辆月均行驶里程的分布情况。2022—2023 年，月均行驶里程分布在 1000km 以内的车辆占比下降了约 30%；1000~2000km 以内的车辆占比提升了约 13%；2000km 以上的车辆数量占比提升了 16%；少量车辆的月均行驶里程可达到 4000km 以上。所

有车辆的月均行驶里程平均值大幅提升，2022 年为 289.39km，2023 年达到 1102.52km，增长近 3 倍，表明燃料电池电动汽车整体的运营状况逐年向好。

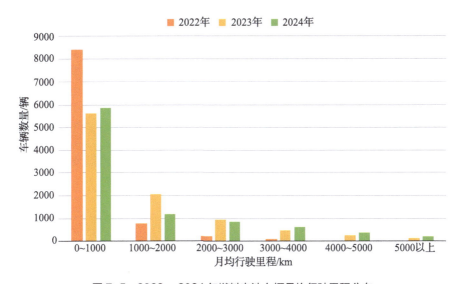

图 7-5　2022—2024 年燃料电池车辆月均行驶里程分布

3. 车辆实时在线率特征

平台车辆实时在线率逐年变化情况如图 7-6 所示，车辆运营时间段为日间，主要集中在 7—18 时的工作时段，并在 12—13 时在线率较低，这与午间休息有关。2022—2023 年，日间和夜间的车辆实时在线率差距缩小，其中，5—19 时的实时在线率减小，而在 19 时—次日 5 时的在线率增加，表明夜间运营频率提高。这可能与货车比例增加有关，货车通常选择在日间进行装卸作业、维修保养等工作，在夜间进行运输。夜间车流量少，可避免频繁起停造成的能耗增加，再加上城市道路交通管制等因素的影响，部分货车通常选择在夜间行驶，从而导致夜间上线率显著增加。

图 7-6　车辆实时在线率

7.3 分区域车辆运行特征

1. 分区域车辆运行总体特征

五大示范城市群的历年平均月上线率情况如图 7-7 所示，2022—2023 年，郑州城市群、京津冀城市群、河北城市群和广东城市群的平均月上线率均有不同幅度的提升。2023 年，郑州城市群的平均月上线率最高，达到 79.2%；其次为京津冀城市群，为 78.0%，均高于平台车辆整体月上线率均值；其他城市群的平均月上线率也都在 50% 以上。京津冀城市群和郑州城市群的燃料电池车辆平均月上线率相较更高的原因可能是客车与货车占比较高，车辆运营较为规律，能够保证较高的车辆利用率。

接下来分别对五大示范城市群 2022 年、2023 年各月上线率进行了统计和对比，如图 7-8 所示。各城市群 2022 年、2023 年月上线率趋势呈现出显著不同，2022 年，城市群之间月上线率差距较大，分布范围较宽，广东和京津冀城市群相对更高且较为稳定，大部分时间能够保持在 80% 左右。2023 年，城市群之间月上线率差距缩小，整体集中分布于 40%~80%。各城市群 2023 年 1—12 月上线率也都呈现出平稳的走向，每月数值差距减小，京津冀和郑州城市群车辆的上线率分布于 80% 附近，广东和上海城市群的车辆上线率分别在第四季度和第三季度出现明显下降，而河北城市群则在第三季度出现显著提升，可能与 8 月和 12 月年度考核节点到来有关。

图 7-7　各示范城市群 2022 年和 2023 年平均月上线率

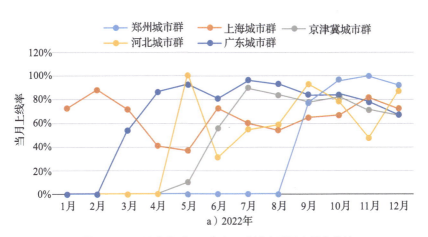

图 7-8　2022 年和 2023 年各示范城市群月上线率趋势

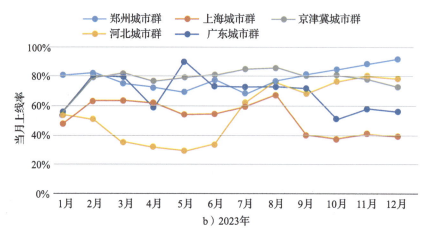

b）2023年

图 7-8　2022 年和 2023 年各示范城市群月上线率趋势（续）

示范城市群车辆月均行驶里程平均值变化如图 7-9 所示，2023 年各城市群月均行驶里程平均值均高于 2022 年，其中尤属郑州城市群和河北城市群变化幅度最大，均提升了 5.9 倍。京津冀城市群的车辆月均行驶里程平均值在 2022 年和 2023 年都是五大城市群中最高的，2023 年达到 1765.4km，城市群内车辆整体运营状况良好。

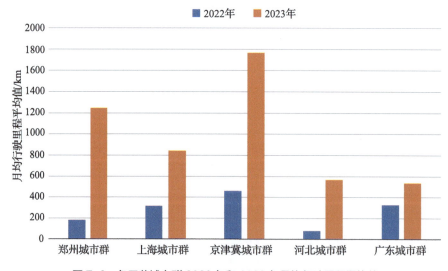

图 7-9　各示范城市群 2022 年和 2023 年月均行驶里程平均值

2. 京津冀城市群车辆运行特征

示范城市群车辆的上线率如图 7-10 所示，2023 年月上线率持续稳定，均处于 80% 左右。除 2022 年第一、第二季度存在车辆持续接入平台，监测数据变化较大的情况外，2022 年和 2023 年车辆月上线率在第三、第四季度都出现相同的变化趋势，表明车辆运营状况较为稳定，而这可能是由于城市群对于车辆应用场景进行了有效规划，使得示范车辆能够在特定的场景下常态运营。

图 7-10　京津冀城市群车辆 2022—2024 年月上线率趋势

车辆月均行驶里程整体分布如图 7-11 所示，京津冀城市群 2022—2024 年第一季度示范车辆的月均行驶里程分布较为分散，56.8% 的示范车辆的月均行驶里程分布于 1000km 以内，2000km 以上的仅占 16.4%。由图 7-12 可知，2023 年内月均行驶里程在 1000km 以内的车辆数相较于 2022 年显著减少，月均行驶里程 2000km 以上的车辆占比达到 37.9%，比 2022 年增加了 30%。

3. 上海城市群车辆运行特征

上海城市群中燃料电池示范车辆的月上线率整体处于 60% 上下，如

图 7-13 所示。2022 年上海城市群车辆的上线情况呈现较大的波动，这可能是车辆持续接入平台，数据变动较大导致的。2023 年上线情况更加稳定，从 1 月至 8 月，都稳定在 60% 附近，9 月之后出现下降，上线率降至 40% 左右。

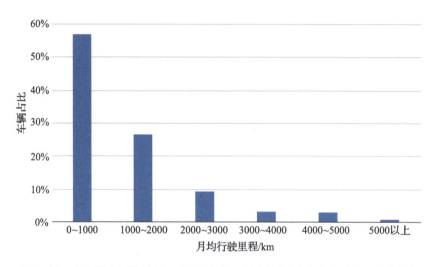

图 7-11　京津冀城市群 2022—2024 年第一季度示范车辆月均行驶里程整体分布

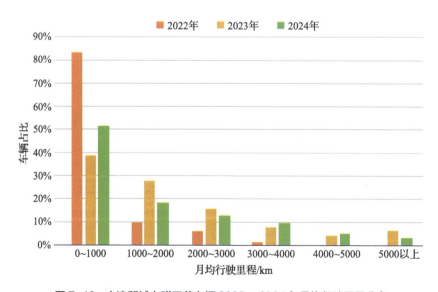

图 7-12　京津冀城市群示范车辆 2022—2024 年月均行驶里程分布

图 7-13　上海城市群车辆 2022—2024 年月上线率趋势

整体来看，从图 7-14 中可以看到，2022—2024 年第一季度，上海城市群示范车辆中，月均行驶里程分布在 1000km 以内的车辆占比约为 76.4%，2000km 以上的占比 3%。图 7-15 中，2023 年上海城市群车辆月均行驶里程在 1000km 以内的分布显著减少，月均行驶里程在 2000km 以上的车辆占比达到 14.3%，比 2022 年增加了 12.7%。

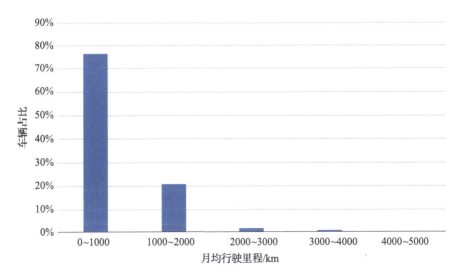

图 7-14　上海城市群 2022—2024 年第一季度示范车辆月均行驶里程整体分布

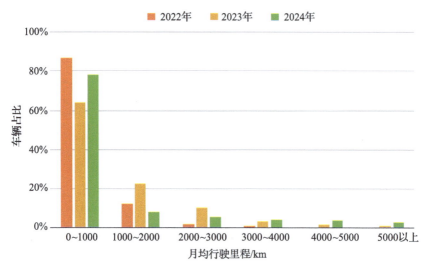

图 7-15 上海城市群示范车辆 2022—2024 年月均行驶里程分布

4. 广东城市群车辆运行特征

广东城市群的车辆运营情况与其他城市群略有不同。如图 7-16 所示，2023 年车辆的月上线率普遍低于 2022 年。由图 7-17 和图 7-18 可知，广东城市群 2022—2024 年车辆的月均行驶里程分布范围较窄，月均行驶里

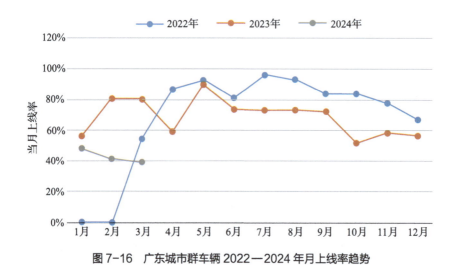

图 7-16 广东城市群车辆 2022—2024 年月上线率趋势

程在 1000km 以内的车辆占比约为 80%，2000km 以上的仅占比 1%。2023 年广东城市群车辆月均行驶里程平均值较 2022 年略有提升，但相对于其他城市群还存在一定差距。

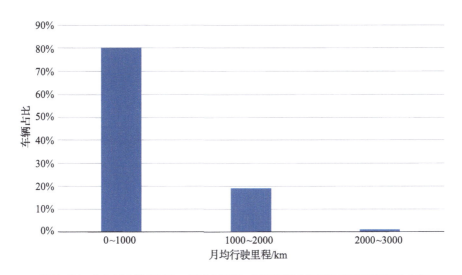

图 7-17　广东城市群 2022—2024 年第一季度示范车辆月均行驶里程整体分布

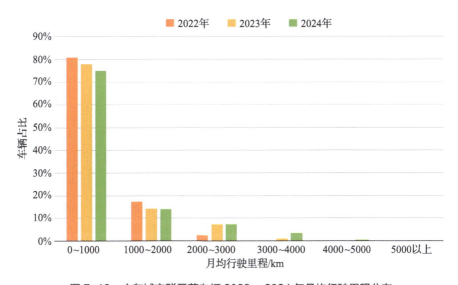

图 7-18　广东城市群示范车辆 2022—2024 年月均行驶里程分布

5. 郑州城市群车辆运行特征

郑州城市群车辆的运营呈现稳中有升的态势。如图 7-19 所示，2023 年，郑州城市群车辆运营较为平稳，月上线率保持在 70% 左右，下半年开始月上线率持续上升，达到 90% 左右。从图 7-20 和图 7-21 可以看到，2023 年车辆行驶里程显著增加，2022 年月均行驶里程在 2000km 以上的车辆占比仅为 0.1%，2023 年该值则达到 21.7%，提升幅度超过 20%。

图 7-19　郑州城市群车辆 2022—2024 年月上线率趋势

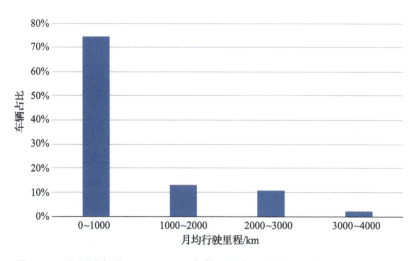

图 7-20　郑州城市群 2022—2024 年第一季度示范车辆月均行驶里程整体分布

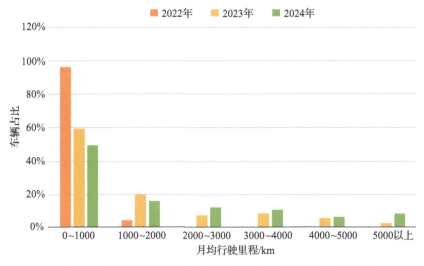

图 7-21　郑州城市群示范车辆 2022—2024 年月均行驶里程分布

6. 河北城市群车辆运行特征

河北城市群的车辆运行频率呈现波动性上升的趋势。由图 7-22 可以看到，2023 年车辆月上线率与 2022 年相比变化不大，表明车辆运营场景较为稳定，城市群在车辆投运方面有较为明确的目标和计划，使得车辆能

图 7-22　河北城市群车辆 2022—2024 年月上线率趋势

够实现常态化运营。图7-23显示，从2022年1月至2024年3月，河北城市群的车辆月均行驶里程分布较为集中，76.9%的车辆月均行驶里程在1000km以内。从图7-24的历年月均行驶里程分布来看，相较于2022年，2023年车辆的运营强度增加，月均里程在2000km以上的车辆占比提升了6.8%。

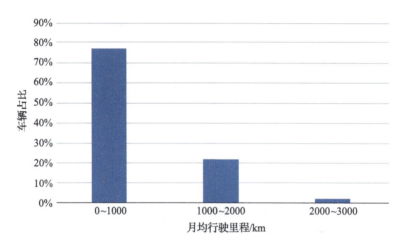

图7-23　河北城市群2022—2024年第一季度示范车辆月均行驶里程整体分布

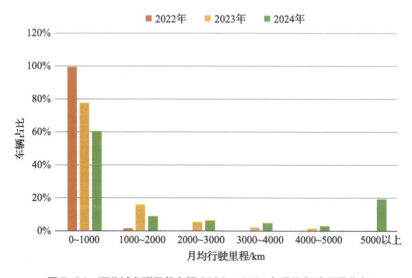

图7-24　河北城市群示范车辆2022—2024年月均行驶里程分布

7.4 分车型车辆运行特征

1. 分车型车辆运行总体特征

对平台上乘用车、客车、货车三类车型的车辆月上线率进行统计分析的结果如图 7-25 所示。从 2022 年到 2024 年第一季度，燃料电池客车的月上线率相对稳定，在 85%~90% 的区间附近分布，这可能是由于客车大都在通勤、公交等场景下运行，出勤率较为固定。目前平台接入车辆的构成中，货车数量占比最大，对于货车来说，月上线率整体低于客车，可能与燃料电池货车运行维护成本高、加氢不方便、运行路线或时间相对不稳定有关。货车的各月上线率呈现小幅度波动，但能够保持在 60% 附近。对于乘用车来说，从 2022 年开始，乘用车月上线率呈现下降趋势，特别是进入 2023 年第三季度后，利用率下降了 50% 以上。燃料电池乘用车目前主要用于网约租赁和公务用车，但面临与纯电动汽车的激烈竞争，且更容易受加氢问题制约，在经济性和公众认知方面具有明显弱势，因此，乘用车的应用模式还需持续探索。

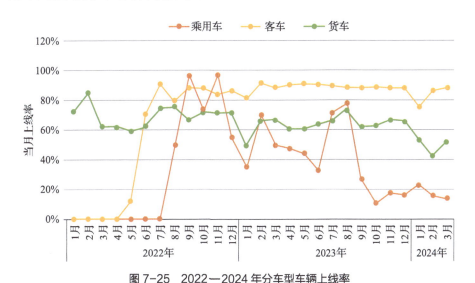

图 7-25 2022—2024 年分车型车辆上线率

2. 乘用车运行特征

图 7-26、图 7-27、图 7-28 分别展示了乘用车示范车辆的月上线率、月均行驶里程等车辆运行特征。燃料电池乘用车的上线率波动较大，整体月上线率在 20% 上下。平均单月行驶里程集中分布在 1000km 以内，1000km 和 2000km 以上的车辆占比在逐年提升，但 3000km 以上的运营

图 7-26 乘用车 2022—2024 年月上线率趋势

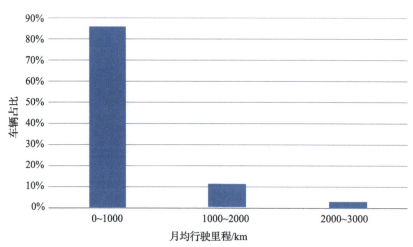

图 7-27 乘用车 2022—2024 年第一季度月均行驶里程整体分布

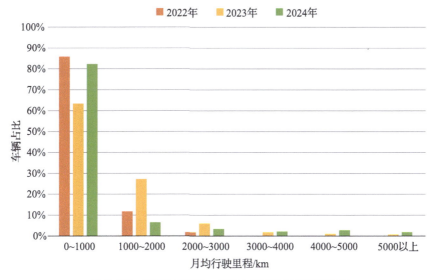

图 7-28 乘用车 2022—2024 年月均行驶里程分布

车辆占比变化不显著。乘用车领域，车辆的月均行驶里程主要在 1000km 以内，该部分车辆占比大于 80%，即乘用车平均每天的运营里程约为 30km，月均行驶里程 1000km 以上的车辆占比不足 20%，整体使用频率不高，仍需持续探索有效的乘用车运营模式。

乘用车单日实时在线率如图 7-29 所示，全天任意时刻下燃料电池乘用车的实时在线率均在 20% 以上。从凌晨 4 时开始，车辆实时在线率持续提升，在 9 时至 17 时之间都能够保持较高的在线率，直到 17 时实时在线率达到高峰，而后逐渐降低。乘用车的主要运营场景为公务用车和网约车，日间用车需求较高，尤其是在通勤高峰时间，能够达到相对更高的实时在线率。

3. 客车运行特征

图 7-30、图 7-31 和图 7-32 展示了平台上燃料电池客车车型的月上线率、月均行驶里程等运营行为情况。从上线率来看，燃料电池客车的月上线率较为稳定，持续稳定在 80%~90%，具有良好的运营效率。从运

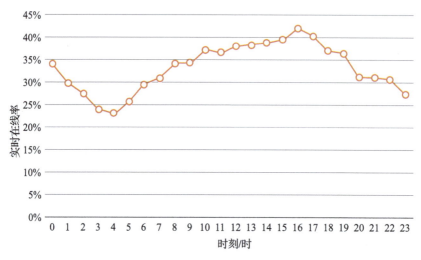

图 7-29 2023 年乘用车实时在线率

图 7-30 客车 2022—2024 年月上线率趋势

营里程来看，月均行驶里程分布在 1000km 以内的客车占比约为 45%，1000km 以上的占比为 55%，并有 6% 左右的客车月均运营里程超过 4000km，即日均里程为 160km 以上。从 2022 年至 2023 年，月均里程在 1000~2000km 之间的客车占比明显提升，达到 25% 左右。综上，燃料电池客车的运营情况明显优于乘用车，这可能是因为客车主要用于公交等运行需求较为固定的场景中,能够保持较为稳定的运营效率,能够满足日常的运营条件要求。

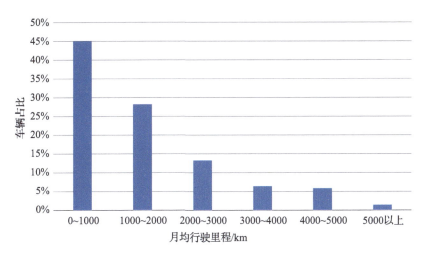

图 7-31　客车 2022—2024 年第一季度月均行驶里程整体分布

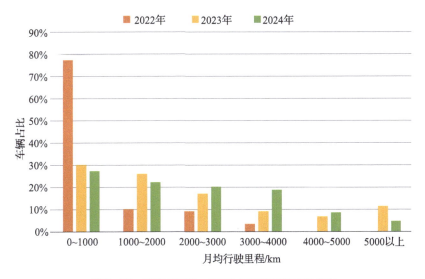

图 7-32　客车 2022—2024 年月均行驶里程分布

图 7-33 是燃料电池客车的实时在线率,整体来看,客车的运行时刻主要集中在 6—17 时,在线率随时间变化呈现"M"形趋势,12—13 时

的在线率略低。从 2022 年到 2023 年，客车在凌晨和夜间，也就是 19 时至次日凌晨 4 时的上线率有所提升，表明夜间公交或其他客运车次占比增加。

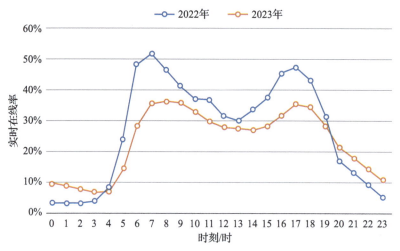

图 7-33　2022 年和 2023 年客车实时在线率

4. 货车运行特征

图 7-34、图 7-35 和图 7-36 展示了平台上燃料电池货车车型的月上线率、月均行驶里程等运营行为情况。从上线率来看，货车的上线率整体较

图 7-34　货车 2022—2024 年月上线率趋势

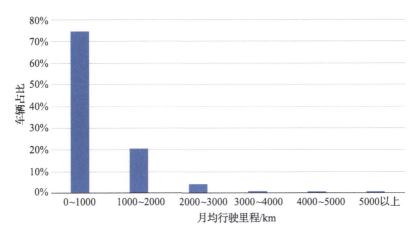

图 7-35　货车 2022—2024 年第一季度月均行驶里程整体分布

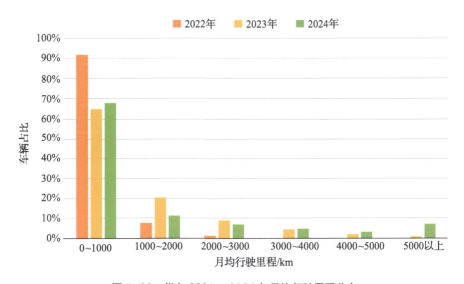

图 7-36　货车 2022—2024 年月均行驶里程分布

为稳定，集中在 60%~80%，但存在小范围的波动，一般在每年的第三季度货车的上线率达到峰值，第二季度则是谷值。货车的月均行驶里程分布情况与乘用车呈现类似的特征，整体来看，单月行驶 1000km 以内的车辆占比达到 75% 左右。逐年来看，2023 年月均行驶里程在 1000~3000km 之间的车辆占比明显增加，达到近 30%，整体运营效率在不断提升。

图 7-37 所示为货车实时在线率，燃料电池货车的集中运营时刻主要分布在 6—17 时。从 2022 年到 2023 年，货车在 6—16 时的实时在线率几乎没有变化，但 2023 年在 16 时以后的实时在线率下降，而 22 时至次日 6 时之间在线率显著提升，说明货车在深夜和凌晨运营的车次增加。

图 7-37 2022 年和 2023 年货车实时在线率

7.5 分场景车辆运行特征

目前燃料电池电动汽车处于规模化初期，各地仍在持续探索可行的应用场景，因此，对不同场景下车辆的运行行为进行分析能够为燃料电池电动汽车的后续推广应用提供重要参考。平台车辆的主要应用场景有 7 类，分别为公交文旅客运场景，市政环卫场景，重载运输场景，城市内冷链物流场景，港口或煤矿短倒运输场景，自卸、搅拌、渣土运输等场景，以及网络租赁、公务用车等场景。

不同应用场景的车辆逐年月均上线率趋势如图 7-38 所示，从 2022 年到 2023 年，在公交文旅客运、市政环卫、重载运输、城市冷链物流、网约租赁/公务用车、港口/煤矿短倒运输、自卸/搅拌/渣土运输场景下，月均上线率均处于较高水平，且变化幅度不大，表明在这些场景中推广的燃料电池电动汽车能够满足应用需求。在重载运输和港口/煤矿短倒运输场景下，月均上线率小幅度降低，这可能是这些场景中燃料电池车辆推广速率加快，但是运力和运营规模未及时扩大导致的。而随着新推广的车辆开始常态化运营，这些场景中的车辆上线率在未来可能会出现较大的增长。市内冷链物流也是燃料电池电动汽车推广的特征场景之一，上线率逐年小幅增加，主要与其运行路线固定、需求较为稳定有关。

图 7-38　各应用场景下 2022 年和 2023 年月均上线率

此外，公交文旅客运场景的月均上线率增加幅度近 1 倍，结合该场景车辆历年的推广量来看，截至 2023 年年底，平台接入车辆和运营车辆的数量均为 2022 年年底的 2 倍多，因此，月均上线率大幅变化可能与 2022 年接入时间较短有关。所以，对各场景下平台车辆上线率逐月变化趋势进行深入分析十分必要。

1. 公交文旅客运场景

图 7-39 为 2022 年 1 月—2024 年 3 月公交文旅客运场景平台车辆月上线率逐月变化趋势。2022 年该场景下推广车辆的上线率在 60% 附近的

小范围内波动，进入 2023 年后，月上线率逐月平稳上升，在 2023 年 12 月达到最高值 75.2%，表明燃料电池电动汽车在公交、通勤等固定路线场景中的运行频率较高且稳定。公交、文旅等客运市场经济压力较小，因此能够保持较好的运营状况。

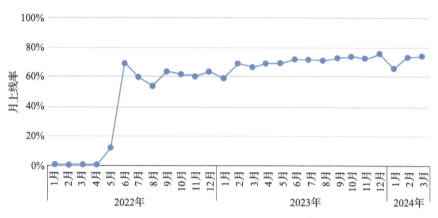

图 7-39　2022—2024 年 3 月公交文旅客运场景平台车辆月上线率趋势

2. 网约租赁 / 公务用车场景

图 7-40 为 2022—2024 年 3 月网约租赁 / 公务用车场景平台车辆月上线率逐月变化趋势。车辆月上线率整体呈波动下降趋势，自 2023 年 10 月以来，车辆上线率维持在 20% 左右。乘用车目前主要由上海城市群投入运营。由于现阶段国内加氢站以 35MPa 加氢设施为主，70MPa 加氢站仍未投入运营，因此乘用车用氢不便，再加上网约车市场饱和、公众对氢能认知不足等因素，导致运营状况不及预期。

3. 重载运输场景

图 7-41 为 2022—2024 年 3 月重载运输场景平台车辆月上线率逐月变化趋势。从 2022 年开始，车辆月上线率略有下降，但是趋于平稳；进入 2023 年后，车辆运营情况逐渐平稳，正在进入常态化运营阶段，车辆

月上线率在 57% 上下波动。但是受限于加氢便利性和成本问题,燃料电池电动汽车在长距离和重载荷运输中的优势还未充分展现出来。

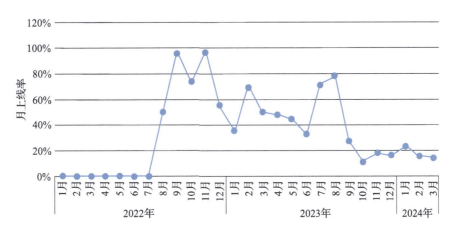

图 7-40　2022—2024 年 3 月网约租赁/公务用车场景平台车辆月上线率趋势

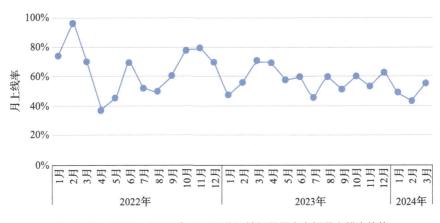

图 7-41　2022—2024 年 3 月重载运输场景平台车辆月上线率趋势

4. 港口/煤矿短倒运输场景

图 7-42 为 2022—2024 年 3 月港口/煤矿短倒运输场景平台车辆月上线率逐月变化趋势。2022 年下半年至 2023 年上半年,该场景下燃料电池车辆上线率波动性下降,2023 年上半年持续处于不到 40% 的较低水平。

但从 2023 年下半年以来月上线率呈现上升的良好态势，基本保持在 60% 以上，最高达到 80%。整体来看，港口 / 煤矿短倒运输场景的车辆月上线率呈现缓慢上升趋势。

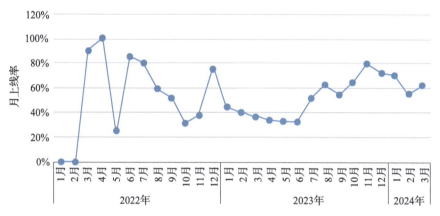

图 7-42　2022—2024 年 3 月港口 / 煤矿短倒运输场景平台车辆月上线率趋势

5. 城市内冷链物流场景

城市内冷链和物流配送场景具有短周期、小批量、多批次等特点，对车辆技术性能、加氢便利性、用氢成本等要求较高。图 7-43 为 2022—2024 年 3 月城市冷链物流场景平台车辆月上线率逐月变化趋势。2022 年，车辆上线情况整体呈现较高的水平，虽然有所波动，但是基本都在 70% 上下变化；进入 2023 年后，上线率出现降低趋势，运营效率还需要不断提升。

6. 自卸 / 搅拌 / 渣土运输场景

图 7-44 为 2022—2024 年 3 月自卸 / 搅拌 / 渣土运输场景平台车辆月上线率逐月变化趋势。该场景对车辆的动力性能和续航性能有较高要求，相较于纯电动汽车，燃料电池电动汽车具有更长的续驶里程和更短的补能时间，所以在该场景下具有良好且较为稳定的出勤率。

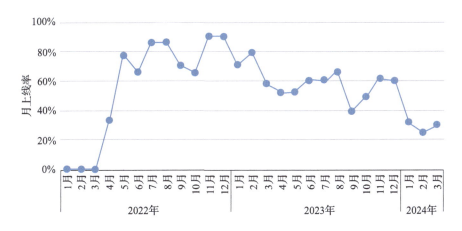

图 7-43　2022—2024 年 3 月城市冷链物流场景平台车辆月上线率趋势

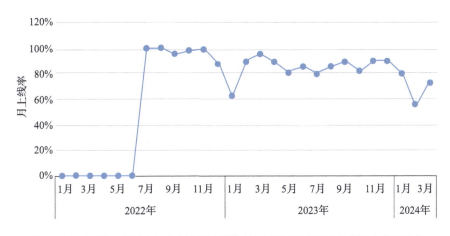

图 7-44　2022—2024 年 3 月自卸 / 搅拌 / 渣土运输场景平台车辆月上线率趋势

7. 市政环卫场景

市政环卫场景下，车辆运行速度较低、起停次数较多、运行时间较长，燃料电池作为动力来源能够充分满足使用需求。图 7-45 为 2022—2024 年 3 月市政环卫场景平台车辆月上线率逐月变化趋势。市政工程车和环卫车的运行频率相对固定，所以从接入平台到 2023 年 9 月，持续保持较高的出行频率。但从 2023 年 10 月开始，上线率出现下降趋势，运营效率还需要不断提升。

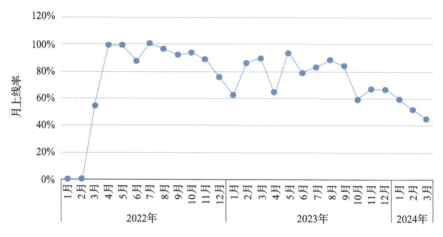

图 7-45 2022—2024 年 3 月市政环卫场景平台车辆月上线率趋势

综上所述，现阶段燃料电池电动汽车在公交文旅客运、重载运输、自卸/搅拌/渣土运输场景下的运营状况较好，主要原因有运行路线和出勤率固定，且燃料电池电动汽车续驶里程长，补能时间短。燃料电池电动汽车在煤矿/港口短倒运输场景下的运行状况具有较大的提升潜力，建议持续关注，并加大投入。在市政环卫、城市内冷链物流、网约租赁/公务用车等场景下，经济性、可持续的燃料电池电动汽车发展模式仍需持续探索，不断提升运营效率。

7.6 小结

1）车辆的月上线率变化逐渐平稳。整体来看，平台燃料电池电动汽车的平均月上线率可达到 68.1%，现阶段燃料电池电动汽车平均月上线率已经基本能够追赶上新能源汽车 2018 年的水平（70.2%），表明尽管燃料电池电动汽车处于市场导入阶段，但车辆的利用率呈现出较好的发展态势。

进入 2023 年后，车辆各月的上线率更加平稳，极值的差距降低至 19.9%，说明燃料电池电动汽车正在逐步进入常态化运行阶段。

2）**车辆累计运营里程近 2 亿 km，运营状况持续向好。** 截至 2024 年第一季度，接入平台的燃料电池电动汽车总累计行驶里程已达 1.95 亿 km，所有示范车辆月均行驶里程的平均值为 766.2km，车辆主要以短途运输为主。从 2022 年到 2023 年，车辆的月均里程平均值增长了近 3 倍，表明燃料电池电动汽车整体的运营状况逐年持续向好。

3）**各类场景下运营状况存在显著不同，仍需持续探索可行的应用场景。** 平台车辆的主要应用场景有 7 类，分别为公交、通勤、文旅场景，市政环卫场景，重载运输场景，城市内冷链物流场景，短倒运输场景，自卸、搅拌、渣土运输等场景，以及网约租赁、公务用车等乘用车场景。其中，在公交文旅客运、市政环卫、重载运输、冷链物流、港口/煤矿短倒运输、自卸/搅拌/渣土运输场景下，月均上线率均整体处于较高水平且波动幅度较小，具有良好的应用潜力。

第 8 章
燃料电池电动汽车加氢特征

8.1 加氢站建设及示范推广情况

1. 全国加氢站

示范开展以来，我国加氢站建设加快。根据公开资料整理，截至 2024 年 3 月，我国已建成加氢站 474 座，覆盖全国 30 多个省份，省份覆盖率达 88.2%。根据中国氢能联盟和 H_2 Stations 的公开数据，以下汇总了 2019 年以来中国和全球历年建成加氢站的数量，见表 8-1。

表 8-1　中国和全球历年建成加氢站数量对比

年份	中国加氢站总数/座	国外加氢站总数/座	全球加氢站总数/座	中国占比
2019 年	61	407	468	13.0%
2020 年	118	491	609	19.4%
2021 年	224	580	804	27.9%
2022 年	337	676	1013	33.3%
2023 年	428	724	1152	37.2%
2024 年（截至 3 月）	474	—	—	—

注：中国数据来自于中国氢能联盟，国外数据来自于 H_2 Stations。

示范政策出台之前，我国加氢站数量为 61 座，与国外总数差距较大，占全球加氢站总数的比例仅为13%。从2020年开始，加氢站建设速度加快，截至2023年年底，全国加氢站总数为428座，在全球加氢站总数中的占比提升至37.2%。截至2024年3月，全国共建成加氢站474座，是示范开始前的7倍多。示范应用开展以来，为满足燃料电池电动汽车推广的需求，各地加快配套建设加氢站，提升城市群内的氢能供给能力。同时，各地纷纷出台加氢站建设、审批相关政策和管理机制，有效解决了主管单位不明确、建站难、审批难等问题，大幅缩短了加氢站审批流程，提升了加氢站项目落地的效率。

我国现有加氢站已具备相当的氢气供应能力，能够满足一定规模的燃料电池电动汽车加氢需求。根据中国氢能联盟的数据，在已建成的加氢站中，在运营的加氢站有283座，投入运营的比例达到59.7%。运营加氢站供氢能力累计为21.8万 kg/天，平均单站供氢能力约为770 kg/天，可满足约140辆乘用车、60多辆轻型货车或20辆左右重型货车或大型客车的加氢需求，见表8-2。

表8-2 现有加氢站日供氢能力

车型	典型车辆	载氢量/kg	单站日供给加氢车辆/辆	总日供给加氢车辆/辆
乘用车	丰田第二代MIRAI	5.6	138	39054
轻型货车	福田4.5t氢燃料电池轻型冷藏货车	12.2	64	18112
重型货车	飞驰科技49t重型货车	46.9	17	4811
大型客车	宇通12m客车	32	25	7075

2. 加氢站接入特征

截至2024年3月，示范平台共接入加氢站125座。如图8-1所示，从加氢站类型来看，以固定式加氢站为主，约占65.7%，其余均为撬装式加氢站。加氢站的设计加注能力如图8-2所示，日加注能力在 1000~1500kg 之间的加氢站占比最多,约为 46%;其次为日加注能力为 500~1000kg 的加氢站,占比约为 37%;日加注能力 2000kg 以上的占比不足 10%;另外也有少量加氢站作为加氢母站为周边加氢站供给氢气。

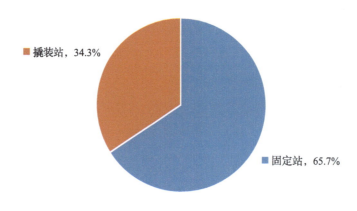

图 8-1 加氢站类型分布

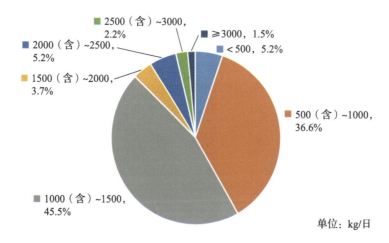

图 8-2 加氢站日加注能力分布

各城市群加氢站接入情况如图 8-3 所示,广东、河北、上海、郑州城市群接入平台的加氢站中,日加注量为 1000~1500kg 的加氢站占比最多,京津冀城市群接入量占比最高的是500~1000kg/日的加氢站。河北、京津冀、上海城市群具有2000kg/日以上加注能力的加氢站，其中，河北和京津冀城市群加注能力最高的加氢站日加注量可达到3000 kg，能够有效满足推广车辆的加氢需求。

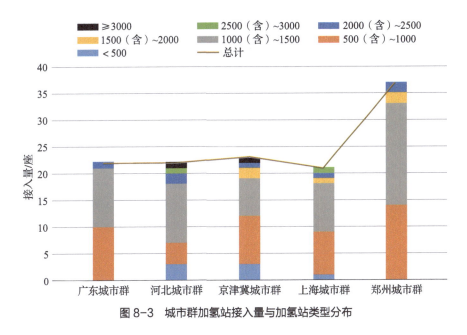

图8-3 城市群加氢站接入量与加氢站类型分布

第二年度示范城市群新建并接入平台的加氢站共89座，占比超过总数量的70%，其中，上海城市群26座，广东城市群11座，京津冀城市群12座，郑州城市群29座，河北城市群11座。

下文着重对第二年度上海、郑州、河北城市群的加氢站推广情况进行分析。如图8-4所示，从加氢站类型来看，上海城市群从2022年12月1日至2023年8月12日共新建加氢站26座，以固定式加氢站为主，共有21座，占比约80.8%；撬装式加氢站5座，占比约19.2%。加氢站日供氢能力分布情况如图8-5所示，日供氢能力不低于1000kg的加氢站共18座，占比69.2%。上海城市群的加氢站具备较高的日供氢能力，能够满足较大规模的氢能需求，为氢能汽车等应用提供强有力的支持。

111

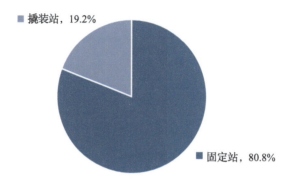

图 8-4 上海城市群加氢站类型分布情况

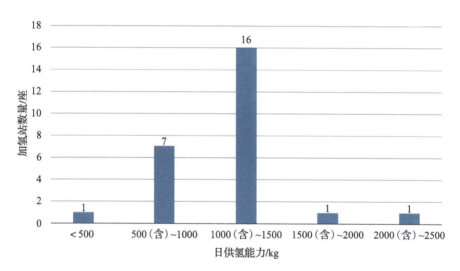

图 8-5 上海城市群加氢站日供氢能力分布情况

郑州城市群从 2023 年 2 月 20 日至 2023 年 12 月 19 日共建成加氢站 29 座。如图 8-6 所示，从加氢站类型来看，固定式加氢站共 10 座，占比 34.5%；撬装式加氢站共 19 座，占比 65.5%。加氢站日供氢能力分布情况如图 8-7 所示，日供氢能力在 1000~1500kg 的加氢站共有 20 座，占比为 69%，中等规模的加氢站较为集中。随着加氢站的增加，郑州城市群的氢能服务网络正在逐步完善，有助于提高氢能汽车的便利性和可接受度，推动氢能技术的商业化应用。

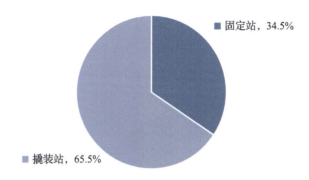

图 8-6　郑州城市群加氢站类型分布情况

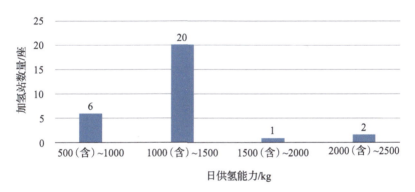

图 8-7　郑州城市群加氢站日供氢能力分布情况

河北城市群从 2023 年 2 月 20 日至 2023 年 12 月 19 日共新建加氢站 11 座。如图 8-8 所示，从加氢站类型来看，固定式加氢站共 6 座，占比 54.6%，撬装式加氢站 5 座，占比 45.5%，比例分布相对均衡。加氢站日供氢能力分布情况如图 8-9 所示，日供氢能力主要集中于 500~1500kg，氢能供给能力主要服务于中等规模氢能需求的场景。

总体来看，五大示范城市群都在积极推动氢能产业的发展，通过加氢站的建设和氢气产能的提升，为氢能汽车的推广和氢能技术的应用提供了支持。不同城市群的策略和重点因地区特定的市场需求、资源分布和政策导向而有所不同。截至第二年度，京津冀城市群和郑州城市群的加氢站建设数量较多，河北城市群、广东城市群和上海城市群的加氢站建设数量相当。上海城市群和郑州城市群在高日供氢能力加氢站的占比上较为突出，河北城市群则以中等规模加氢站为主，这与上海和郑州城市群推广车辆数量较多有关。

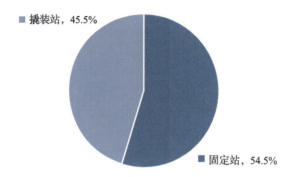

图 8-8　河北城市群加氢站类型分布情况

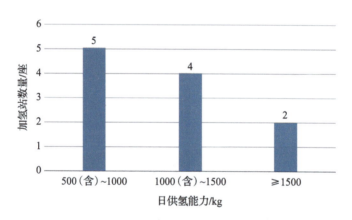

图 8-9　河北城市群加氢站日供氢能力分布情况

不同城市群新建的加氢站在类型上呈现出显著区别。郑州城市群更倾向于撬装式加氢站，而上海城市群则以固定式为主。不同地区的政策支持和补贴力度对加氢站建设类型有显著影响。根据公开资料，500kg 的 35MPa 固定式加氢站建设费用约 1000 万元，同样加注能力和压力的撬装式加氢站建设费用约 500 万元。上海具有良好的政策环境和支持措施，且城市规划较为成熟，土地资源相对紧张，但土地使用权较为稳定，有利于长期投资的固定式加氢站的建设，而郑州城市群可能在土地资源的利用上更为灵活，撬装式加氢站占地面积小，更适合在有限的空间内快速部署。因此可以得出，固定式加氢站的建设成本较高，但长期运营效率和稳定性较好，适合经济实力强的地区；撬装式加氢站的投资成本较小，建设和运营更为灵活，适合初期市场开拓和快速响应需求。

8.2 燃料电池电动汽车加氢特征

1. 车辆加氢时刻特征

基于示范评价平台加氢站监控和车辆加氢信息，对车辆加氢行为进行研究和分析。从燃料电池车辆的加氢时刻分布来看，大部分加氢订单集中在白天的工作时间内，夜间加氢订单占比较少。如图8-10所示，整体来看，车辆的加氢时刻主要分布在9—15时内，并分别在9时、13时、15时和20时出现加氢高峰，20时至次日3时都处于低谷时段，凌晨3时开始，加氢车次占比不断增加。

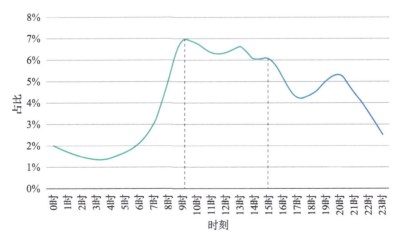

图8-10　车辆整体加氢时刻分布

图 8-11 展示了燃料电池乘用车的加氢时刻分布。乘用车加氢时刻相对来说更加集中，加氢高峰处于 13—15 时，夜间加氢高峰时刻出现在 20 时和 1 时。在早晚通行高峰时间段，7—9 时和 16—18 时，乘用车加氢车次占比较低。燃料电池乘用车的主要运营场景为网约车和公务用车，主要工作时间集中在早晚高峰时期，因此乘用车大都选择避开这段时间，而选在白天的空闲时间或夜间加氢，以保证运营效率。

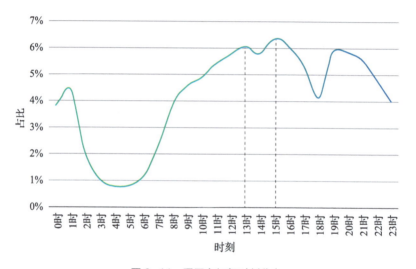

图 8-11 乘用车加氢时刻分布

图 8-12 所示为货车加氢时刻分布。对于货车来说，车辆加氢时刻主要分布在 9—16 时，并在 9 时和 16 时出现加氢高峰，表明货车通常选择在白天工作时间加氢。同时，货车在夜间加氢的车次占比与日间相差不大。由于燃料电池电动汽车补能时间较短，因此耗氢量较多的货车也可在工作间隙等短时间段内进行加氢，且不会影响车辆运营。

图 8-13 所示为客车加氢时刻分布。对于客车来说，车辆集中加氢时间段与货车类似，主要集中在 9—15 时，在 9 时和 19 时出现显著的加氢高峰，但在夜间，几乎没有燃料电池客车加氢。客车以公交和通勤车为

主，在 7—9 时和 17—19 时通常为早晚上下班高峰时期，因此，客车通常选择在早高峰结束后的休息间隙进行加氢，或在晚高峰结束后进行加氢，以保障次日车辆的运行需求。

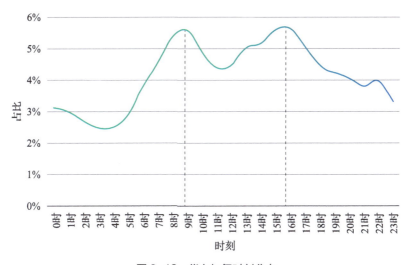

图 8-12　货车加氢时刻分布

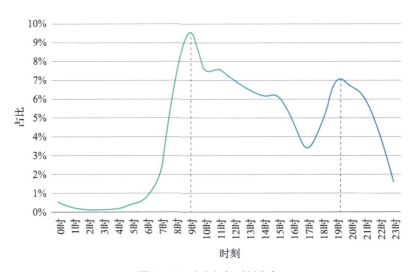

图 8-13　客车加氢时刻分布

2. 车辆单次加氢质量特征

图 8-14 展示了平台车辆单次加氢质量的分布，车辆单次加氢质量集中分布于 7~15kg/ 次，所有车辆的平均单次加氢质量约为 14kg。进一步分析需考虑车辆的额定满载氢气质量。表 8-3 列出了示范平台上不同车辆类型的额定满载氢气质量平均值（常温计算得到），乘用车、大型客车、中型客车、轻型货车、中型货车、重型货车分别为 9.3kg、31.7kg、30.1kg、14.2kg、29.6kg、43.2kg。由此可知，单次加氢质量与车辆的额定储氢量存在一定差距，表明单次加氢并未加满，或加氢前剩余氢气量较多，因此分别从储氢系统充满程度和加氢前剩余压力来进行分析。

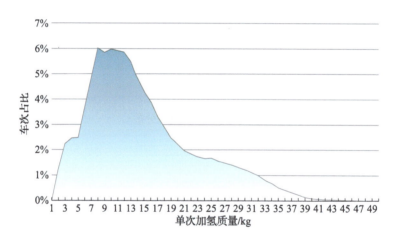

图 8-14 车辆单次加氢质量分布

表 8-3 平台车辆满载氢气质量平均值

车辆类型	平均满载氢气质量 /kg
乘用车	9.3
大型客车	31.7
中型客车	30.1
轻型货车	14.2
中型货车	29.6
重型货车	43.2

3. 储氢瓶充满程度特征

车辆单次加氢后，储氢瓶充满程度由加氢后的氢气质量与额定质量之比计算得到（仅作为估算值参考），如图 8-15 所示。车辆的氢气充满程度呈现两个主要区间，分别为 40%~50% 和 80%~99%，前者主要对应于乘用车，后者主要对应于商用车。对于商用车来说，大部分车辆单次加氢后的储氢质量与额定储氢质量之比大于 80%，并在 88%~90% 区间的分布最多。因此，单次加氢的氢气量基本上能够充满储氢罐。

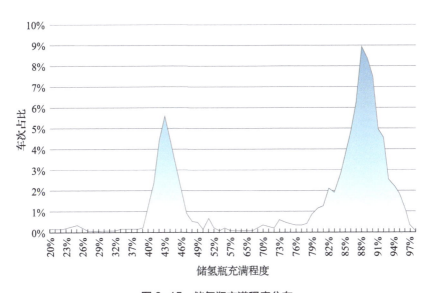

图 8-15　储氢瓶充满程度分布

对于乘用车来说，车辆单次加氢后的充满程度达到 40%~45%，这主要是由于乘用车所搭载的储氢系统额定压力一般为 70MPa，但现阶段加氢站以 35MPa 为主，正式运营的 70MPa 加氢站数量较少，因此，乘用车只能在 35MPa 的加氢站加注额定储氢量一半的氢气，加氢后的实际氢瓶压力为 35MPa。这将对乘用车的续驶里程和运营效率产生较大影响，成为限制乘用车规模扩大的重要因素。

4. 加氢前储氢瓶剩余压力特征

对加氢前储氢瓶剩余压力进行分析，如图 8-16 所示，加氢前车辆储氢瓶的剩余压力集中分布在 5~10MPa 之间。图 8-17 和图 8-18 分别展示了乘用车和商用车加氢前储氢瓶的剩余压力分布。考虑到乘用车的储氢瓶公称压力为 70MPa（由上文可知，实际为 35MPa），商用车的储氢瓶

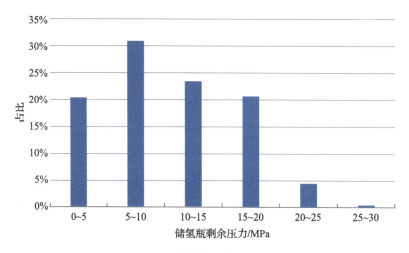

图 8-16　储氢瓶剩余压力分布

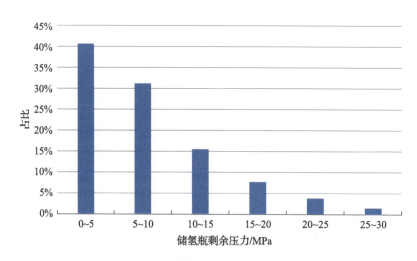

图 8-17　乘用车储氢瓶剩余压力分布

公称压力为35MPa，加氢前剩余压力约为公称压力的14%~28%，根据剩余压力和不同车辆类型的平均实际氢耗计算得到加氢时的剩余里程，如图 8-19 所示，剩余里程主要分布在 40~100km 之间，表明在实际运行过程中，在较低的氢气压力下依旧能够维持燃料电池车辆的运行，但由于现有加氢站分布密度较低，加氢资源不充足，部分车辆为避免无氢可用，会在储氢瓶压力变低之前规划加氢事项。

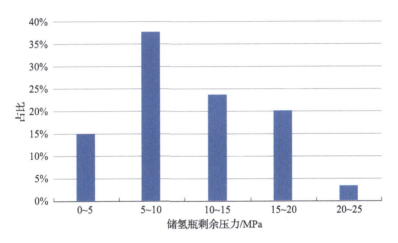

图 8-18　商用车储氢瓶剩余压力分布

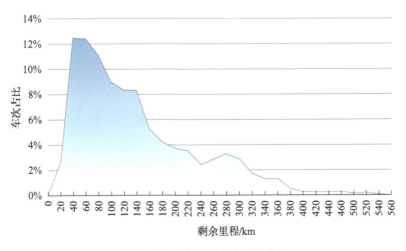

图 8-19　加氢时的剩余里程分布

5. 车辆单次加氢时长特征

车辆单次加氢时长分布如图 8-20 所示，燃料电池电动汽车单次加氢时长集中分布于 8~10min/次区间内，结合单次加氢质量得到平均氢气加注速率约为 1kg/min，能够达到现有氢气加注设施的基本要求。车辆的单次加氢时长与燃油汽车补能时间相近，与电动汽车充电时长相比具有显著优势，能够保障车辆在特定场景下的运营效率，尤其适用于时效性强、运输距离长的商用车场景。

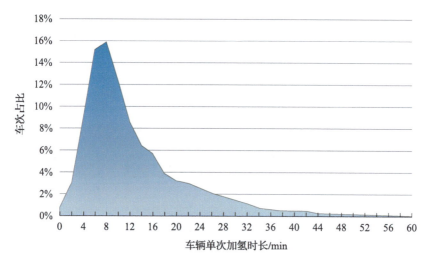

图 8-20　车辆单次加氢时长分布

6. 两次加氢间隔里程特征

车辆两次加氢间隔里程的分布如图 8-21 所示，平台车辆的加氢间隔里程主要集中于 200~350km 之间，整体平均值约为 236km。其中，燃料电池乘用车的间隔里程平均值约为 207km，商用车约为 247km。结合上文可知，平台车辆的日均行驶里程约为 300km，每日加氢 1 次就能够满足当日的车辆运营需求。

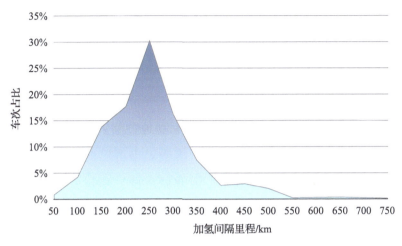

图 8-21　车辆加氢间隔里程分布

7. 两次加氢间隔时长特征

图 8-22 展示了燃料电池车辆两次加氢间隔时长的分布情况。整体来看,平台车辆的加氢间隔时长主要分布在 6~26h,平均值约为 21h43min,相当于平均每日加氢 1 次,由于燃料电池电动汽车具有良好的续驶能力,因此避免了频繁补能,现阶段已经能够满足大部分车辆的运营需求。

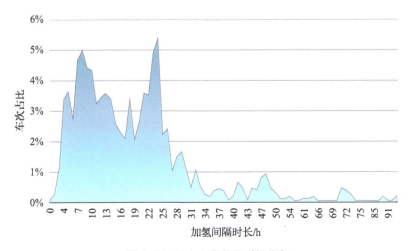

图 8-22　车辆加氢间隔时长分布

8.3 城市群氢价数据

从示范平台各加氢站氢气的加权售价来看，由于各示范城市群在氢气资源、地理位置等方面存在显著不同，氢气价格存在一定的差别。如图 8-23 所示，开展示范应用以来，在国家和地方奖补资金的支持下，各城市群终端氢气加注价均呈下降趋势，多数城市群已向示范政策提出的 35 元 /kg 的经济性要求趋近。其中，河北城市群、郑州城市群在央地两级补贴的支持下，氢价最高不超过 35 元 /kg，最低氢价可低至 20 元 /kg，氢气价格的分布较为集中。京津冀城市群、上海城市群和广东城市群的氢价分布范围较宽，有少量加氢站的终端氢价高于 60 元 /kg，最低氢价均不高于 35 元 /kg。

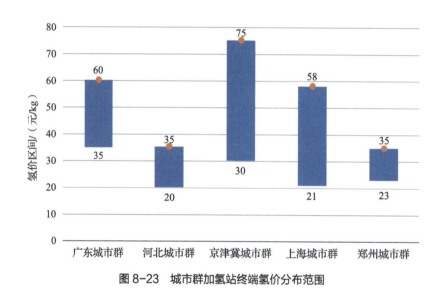

图 8-23 城市群加氢站终端氢价分布范围

现有加氢站的氢气来源以外供氢气为主，20MPa 长管拖车是主要的氢气运输方式。对终端氢价和氢气运输半径之间的关系进行分析，如图 8-24 所示，大部分加氢站的运氢半径在 200km 以内，符合示范应用政策提出的氢气运输半径要求。有少量加氢站建在制氢厂附近，因此可大幅减少储运带来的成本，终端售价可降至 20 元 /kg 以内。运输半径在 200km 以内的加氢站终端氢气售价大都能够保持在 35 元 /kg 以内，但当运输半径大于 200km 时，终端氢价均大于 40 元 /kg。

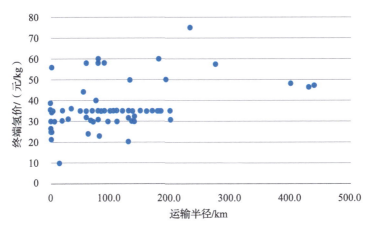

图 8-24　加氢站氢价与氢气运输半径的关系

1. 京津冀城市群

对开展示范应用以来到 2024 年 3 月底期间的加氢订单进行分析，京津冀城市群的氢气价格分布如图 8-25 所示，氢气加注价格主要分布在

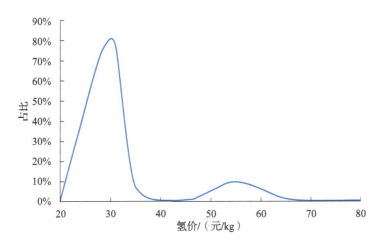

图 8-25　京津冀城市群氢气价格分布

30元/kg左右，少量加氢站的终端氢价处于50~60元/kg。氢价变化趋势如图8-26所示，京津冀城市群加氢站的加权氢价从示范初的45元/kg左右，已逐步降低并稳定在35元/kg以内，2024年降至约30元/kg。

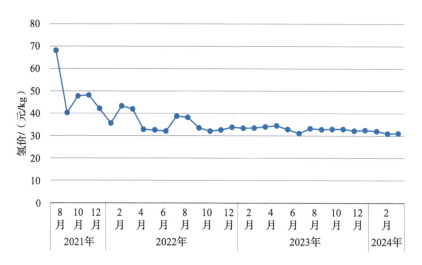

图8-26　京津冀城市群氢气价格趋势

2. 上海城市群

上海城市群氢气终端价格分布如图8-27所示，集中分布在30~40元/kg以及50~60元/kg两个价格区间。如图8-28所示，从趋势看，上海城市群氢气的平均加注价格呈现一定的波动性，2023年，氢价从示范初的35元/kg左右逐步升高至50元/kg，进入到示范应用第三年度后，氢气价格有所下降，现阶段氢价保持在35元/kg上下。

3. 广东城市群

开展示范应用以来，广东城市群氢气价格分布如图8-29所示，终端氢气加注价格主要分布在50~70元/kg的区间内，少量分布在30~40元/kg，相对来说用氢成本较高。单月氢价变化趋势如图8-30所示，示范初期，

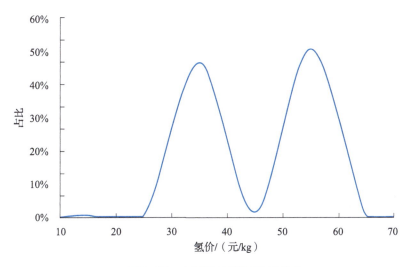

图 8-27　上海城市群氢气价格分布

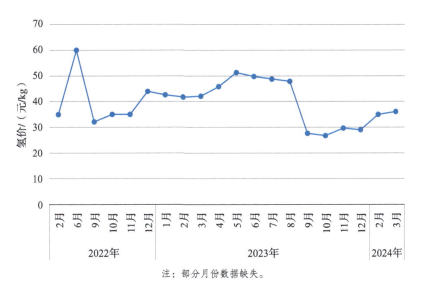

注：部分月份数据缺失。

图 8-28　上海城市群氢气价格趋势

广东城市群当月的平均氢气加注价格约为 65 元 /kg，而后逐年降低，2022 年平均氢价约为 58 元 /kg，2023 年全年氢价平均值降至 48 元 /kg，进入 2024 年，终端氢价降低到约 39 元 /kg。

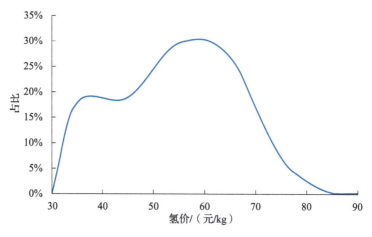

图 8-29 广东示范城市群整体氢气价格分布

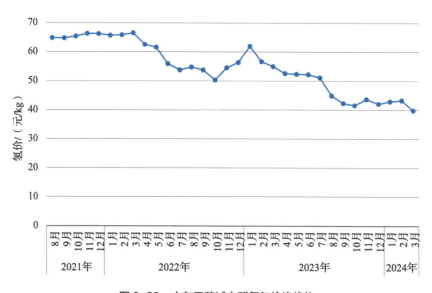

图 8-30 广东示范城市群氢气价格趋势

4. 河北城市群

开展示范应用以来，河北城市群氢气价格整体分布如图 8-31 所示，氢气终端售价集中分布在 25~35 元/kg 的价格区间。氢价逐月变化趋势如

图 8-32 所示，河北城市群氢气平均加注价格在从示范初期的 35 元 /kg 左右，逐步降低到 31 元 /kg 左右，总体降幅不大，但相对来说氢价较低。

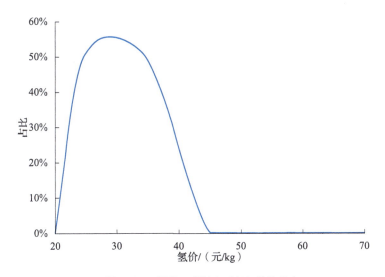

图 8-31 河北示范城市群氢气价格分布

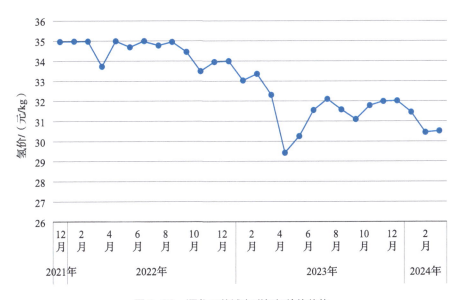

图 8-32 河北示范城市群氢气价格趋势

5. 郑州城市群

对开展示范应用以来到 2024 年 3 月底期间的加氢订单进行分析，郑州城市群氢气价格分布如图 8-33 所示，氢气价格主要分布在 30~40 元 /kg 的区间内。郑州城市群氢气的价格相对较为稳定，如图 8-34 所示，平均加注价格从示范初期的 40 元 /kg 左右，已逐步降低到 33 元 /kg 左右，相对来说具有较优的经济性。

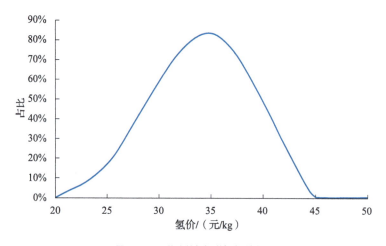

图 8-33　郑州城市群氢气价格分布

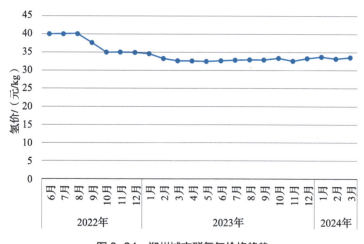

图 8-34　郑州城市群氢气价格趋势

8.4 小结

1）中国加氢站建设数量居全球首位，基本建立车用氢能供应网络。截至 2024 年 3 月，全国共建成加氢站 474 座，是示范应用开始前的 7 倍多。在运营的加氢站有 283 座，日供氢能力累计 21.8 万 kg/天，可满足约 5600 辆重型货车的加氢需求。随着车辆推广总量的持续增加，货车占比提升，仍需增强加氢站投入运营的比例。

2）新建加氢站以固定式为主，日加注能力集中在 1000~1500kg。从加氢站类型来看，平台接入的示范城市群新建加氢站以固定式加氢站为主，占比超过 65%，其余为撬装式加氢站。从加氢站的加注能力来看，日加注能力 1000kg 以上的加氢站占比较高，1000~1500kg 之间的加氢站占比约 46%，2000kg 以上的加氢站还不足 10%。

3）加氢订单集中在日间工作时间内，夜间加氢车次相对较少。平台加氢订单时刻主要分布在 9—15 时，因车辆类型和运营场景不同，加氢时刻存在差异性。乘用车加氢时刻相对来说更加集中，加氢高峰处于 13—15 时，夜间加氢高峰时刻出现在 20 时和 1 时。货车加氢时刻主要分布在 9—16 时，存在一定比例的夜间加氢。客车加氢时刻主要集中在 9—15 时，夜间很少加氢。

4）车辆通常选择在续驶里程剩余 40~100km 时加氢。燃料电池电动汽车单次加氢质量集中分布于 7~15kg/次，加氢后储氢瓶充满程度可达到 80% 以上，车辆单次加氢量与额定储氢量存在一定差距。加氢前车辆储氢瓶剩余压力约为公称压力的 14%~28%，估算剩余里程主要分布在 40~100km 之间。

5）车辆单次加氢能够满足一天的运营需求。车辆的两次加氢间隔里程平均值约为 236km，加氢间隔时长平均值约为 21h43min，每日加氢 1 次就能够满足当日的车辆运营需求。

6）示范应用开展以来，各城市群平均氢价均呈现降低趋势。多数城市群已向示范应用政策提出的 35 元 /kg 的经济性目标要求趋近。由于各示范城市群在氢气资源、地理位置等方面存在显著不同，氢气价格存在一定的差距。其中，河北城市群、郑州城市群在央地两级补贴支持下，氢价最高不超过 35 元 /kg，最低氢价可低至 20 元 /kg，氢气价格的分布较为集中；京津冀城市群、上海城市群和广东城市群最低氢价均不高于 35 元 /kg。